育英科技课程系列丛书

丛书主编　于会祥
丛书副主编　梁秋颖

科学研究指南

李玮琳　李豆豆　野雪莲　赵运华　张　花　著

本书是"育英科技课程系列丛书"之一，以科学研究的基本流程为内容，为学生开展科学探究提供帮助。本书共6章，展示了科学研究的过程，包含提出问题、进行猜想与假设、制订计划与方案、收集与整理数据、分析与总结、得出结论、形成成果以及展示成果等环节，从而助力自主探究。书中以问题情境引入，通过不同年级学生和教师想法的呈现，引导学生由浅入深地展开思考；"知识链接"和"教师讲坛"则形成组合拳，引导学生分别从知识学习和日常实操的不同角度认识该课题。书中还引用了丰富的学生案例，学生案例可以生动地呈现其他同龄人的探究过程，方便读者模仿学习。

本书还设置了笔记区，供读者随时记录自己的思考。这种伴随式的记录方式，会增加读者的收获。

图书在版编目（CIP）数据

科学研究指南 / 李玮琳等著. -- 北京：机械工业出版社，2024. 6. -- （育英科技课程系列丛书 / 于会祥主编）. -- ISBN 978-7-111-76185-3

Ⅰ. G634.73

中国国家版本馆CIP数据核字第2024J7N571号

机械工业出版社（北京市百万庄大街22号　邮政编码100037）
策划编辑：熊　铭　　　　　责任编辑：熊　铭　张若男
责任校对：樊钟英　李　杉　责任印制：张　博
北京联兴盛业印刷股份有限公司印刷
2024年8月第1版第1次印刷
184mm×260mm・9.75印张・152千字
标准书号：ISBN 978-7-111-76185-3
定价：49.00元

电话服务　　　　　　　　　网络服务
客服电话：010-88361066　　机　工　官　网：www.cmpbook.com
　　　　　010-88379833　　机　工　官　博：weibo.com/cmp1952
　　　　　010-68326294　　金　书　网：www.golden-book.com
封底无防伪标均为盗版　　机工教育服务网：www.cmpedu.com

北京育英科技课程研究小组

组　长　梁秋颖

副组长　鲁婷婷

成　员（以姓氏拼音排序）

丁曼旎　李豆豆　李　佳　李玮琳　牛冬梅

强　荣　孙宇阳　徐　娟　薛　晖　野雪莲

詹　静　张　花　张婷婷　赵运华

丛书序

科学教育是关乎全局和未来的大事。回望历史，科学打开了人类进步的大门。如果没有科学，人类可能仍然行走在黑暗之中，整日忙于生计却仍难以果腹，更无法摆脱愚昧的枷锁。展望未来，新一轮科技革命和产业变革正在重构全球创新版图、重塑全球经济结构。科技进步不仅改变着我们所处的世界，也深刻影响着国家前途命运和人民生活福祉。中小学阶段是孩子成长的拔节孕穗期，也是树立科学信念、增强科学素养的关键时期，这一阶段对于深化拔尖创新人才早期培养、构建支撑科技自立自强的人才链具有重要意义。

如何做好科学教育，已经成为摆在每一所中小学学校面前的时代课题。2023年5月，教育部等十八部门联合印发了《关于加强新时代中小学科学教育工作的意见》，文件明确指出，推动中小学科学教育学校主阵地与社会大课堂有机衔接，提高学生科学素质，培育具备科学家潜质、愿意献身科学研究事业的青少年群体，培养社会主义建设者和接班人。

北京育英学校从西柏坡一路走来，在赓续红色基因的同时，将科学教育作为为党育人、为国育才的重要抓手，专门成立跨学科教研团队，汇集数学、物理、化学、生物学、劳动、历史、信息科技、科学等学科的优秀师资力量，持续推进科技课程建设，实施启发式、探究式教学，探索项目式、跨学科学习，成功走出了一条科学教育特色办学之路。2023年5月31日，习近平总书记在育英学校考察时指出，科学实验课是培养孩子们科学思维、探索未知兴趣和创新意识的有效方式。总书记希望同学们从小树立"科技创新、强国有我"的志向，当下勇当小科学家，未来争当大科学家，为实现我国高水平科技自立自强作贡献。

我曾经沿着总书记的足迹到育英学校调研，从学生农场到科学教室，从课程教学到校园文化，边走边看，边学边悟，深刻感受到科学教育在这里深深扎根、悄然开花的育人魅力。在育英学校，学生可以在农作物种植中学习科学，可以在过山车实验中探究科学，甚至在教学楼后面还专门设有一处名为"科技苑"的活动区，学生可以利用课余时间，通过声聚焦、比扭力等30余件科技互动室外实验装置体验科学的魅力……

在育英学校调研时，于会祥书记讲了一个发人深省的育人故事。十多年前，学校有一名学生，他从小就非常喜欢研究昆虫，立志成为中国的法布尔。然而，爱好昆虫的他却受到了个别教师的一些质疑，认为他不以学业为重，不务正业。学校为了更好地保护他的好奇心、探求欲，激励更多学生爱科学、学科学、用科学，专门建造了一间开展昆虫研究的实验室，并以他的名字来命名。学校的支持与鼓励极大地激发了他的科学热情，他率先成立了昆虫社团，并最终顺利考入了心仪的大学。如今，育英学校已经拥有100多个学生自主社团，其中42个是科技社团。科学的种子正在一批又一批的育英学子心中生根、发芽、开花、结果。

经过长期探索与实践，育英学校科学教育体系化建设取得了显著成效，科技课程设置、教学创新、资源开发、环境营建等浑然一体，"做中学""玩中学"蔚然成风。在此基础上，"育英科技课程系列丛书"应运而生。它绝不是一套浅尝辄止的资料汇编，而是一份凝结了师生智慧、历经实践检验的行动指南。它对于中小学学校在"双减"政策背景下如何做好科学教育加法具有重要的借鉴和指导意义。

"育英科技课程系列丛书"内容丰富，第一期共有9个分册，努力做到了课程与配套资源的互补，保证学生在课上和课下的学习都能得到全方位的支持。目前，育英学校将科技课程纳入课表，作为正式课程实施，面向每一位学生开展跨学科教学和实践育人活动，以师生行动助推科学教育不断完善和优化。

其中，《综合科学》有4个分册，重点关注学生怎么学，遵循"知—思—行—达"目标体系，以学生为主体，在内容和方法上培养学生的创新思维和创新能力。考虑到不同层次学生的学习需求，我们根据项目任务的难度和复杂程度对项目进行了分类，并依据解决每一个项目问题所用的思维方法确定主要的表现性任务，进阶地设计了不同级别的课程。在这一过程中，教师不仅是学习的指导者，还是学习过程的评估员。项目注重运用评价量规进行过程性评估和结果检测，以监督学生实实在在地开展综合性学习实践。

《科学研究指南》分册以科学研究的基本流程为内容，为学生进行自主探究提供帮助。整体框架以科学研究流程为基础，涵盖了提出问题、进行猜想与假设、制订计划与方案、收集与整理数据、分析与总结、得出结论、形成成果以及展示成果等环节。学生只需阅读全书并根据提示将思考记录下来，就能在不知不觉中完成一次完整的科学研究。

　　《综合科学　学生自主探究成果集》分册是在学生完成《综合科学》学习之后，以学生自主探究思考与实践所取得的成果为主要内容的30个作品集锦。

　　《初中数学建模》分册从初中数学内容出发，给出了15个数学模型案例，这些案例旨在培养学生运用数学语言描述实际问题，运用数学知识和信息技术手段分析和解决实际问题，从而激发学生数学学习和探究科学的内生动力，增强他们的科学创新能力。

　　《初中数学建模　学生自主探究成果集》分册是在学生完成《初中数学建模》学习之后，以学生自主探究思考与实践所取得的成果为主要内容的47个作品集锦。

　　《Python基础探究》分册由《Python基础探究　学习指南》和《Python基础探究　实践指南》组成，从学生的思维发展入手，引导学生去主动思考、构建逻辑、创新实践，让学生在自己的主动思考中获得成就。《Python基础探究　学习指南》以问题探究的方式引导学生带着疑问主动学习，在掌握基础知识的同时建立兴趣、厘清思维逻辑。《Python基础探究　实践指南》以项目实践的方式，引领学生带着知识和技术走进生活中的实际情境，探究使用计算机程序设计创造性地解决问题的方法。

　　"日出江花红胜火，春来江水绿如蓝。"科学教育的春天扑面而来，我们要抓住机遇、乘势而上，从育英学校的科技教育实践中汲取智慧、积蓄力量，因地制宜构建科技课程与资源体系，创新课堂教学方式，深入实施启发式、探究式、项目式学习，广泛开展丰富多彩的学生科技社团与兴趣小组活动，引导学生培养科学精神、增强科技自信自立、厚植家国情怀，编织当科学家的梦想，为中国式现代化提供有力的人才支撑。

中国教育科学研究院
曹培杰

前言

习近平总书记提出，要培养担当民族复兴大任的时代新人。如今，基础教育课程改革进入素养时代。所谓"素养"，是指学生应具备能够适应终身发展和社会发展需要的必备品格和关键能力。素养是课程的根本遵循，课程是素养的有效手段。

作为课程改革的主阵地，如何把综合科学课程建设成为我们应对变化的有力武器，在课程的微观生态中体现从知识技能到素养的全面转型，成为我们课程研发团队面对的重要命题。

关于"素养"语境下的课程建设，我们首先应该思考的不是"我们将在课程中教什么"（注重内容输入），而是"学生应该能够用所学做到什么"（注重学生表现）。换句话说，我们需要围绕真实性任务和项目来构建课程。真实性任务要求学生在现实的情境中应用自己的所学。这些任务包括明确的目标、目标受众和真正的限制条件。由于这些任务往往是开放性的，因此能够让学生经历丰富的学习体验，能够让老师转变只追求教授学习内容的做法，还能够自然而然地将素养与学科内容和技能结合起来。本册书的绪论部分对于综合科学课程的开发和实践过程进行了重点阐述，我们可以更好地理解综合科学课程的实施情况。

本书的重点内容是以科学研究的基本流程为内容，为同学们进行自主探究提供帮助。本书从提出问题开始，经历猜想与假设、制订计划与方案、收集与整理数据、分析与总结结论、得出结论、形成成果以及展示成果等过程，辅助同学们进行自主探究，希望你借助里面的研究方法，开启奇妙的探究之旅！

"教师讲坛"里"课题名称怎么定""发明从身边做起""研究方案制订要点""研究报告中应该如何呈现研究数据""研究成果如何展示"由李玮琳老师撰写；"'科学+'课程介绍"以及"教师讲坛"里"'发现问题'难？难！也不难！""三招解决选题困难""假设不是乱猜，找对方法是关键""认真观察 独具慧眼""设计实验方案，做好'研究导航'"由李豆豆老师撰写；"确认问题的价值及可行性""调查法""实施研究方案"以及"教师讲坛"里"实地调查怎么做"由野雪莲老师撰写；"文献查阅""观察法""研究结论的表达"以及"教师讲坛"里"文献查阅怎么做"由赵运华老师撰写；"提出假设""表达自己的课题"以及"实验法"由张花老师撰写；全书由李玮琳老师统稿。

目录

丛书序

前言

绪论　"科学+"课程介绍　　　　　　1

第1章　明确问题　　　　　　　　　22

第2章　从问题到课题　　　　　　　40

第3章　制订研究方案　　　　　　　53

第4章　实施研究方案　　　　　　　119

第5章　形成研究报告　　　　　　　120

第6章　展示研究成果　　　　　　　132

绪论 "科学+"课程介绍

第一节 课程建设背景

一、以"素养"为核心的课程改革

2022年,《义务教育课程方案(2022年版)》(以下简称"新方案")的出台,标志着义务教育核心素养培养的蓝图正式进入实施阶段。几年来,素养的概念越来越深入人心,特别是在信息革命、大国博弈的时代背景下,素养所表达的解决问题能力和创新能力愈发重要。作为课程改革的主阵地,学校的课程建设成为我们应对变化的有力武器,在课程的微观生态中体现从知识技能到素养的全面转型,成为我们广大一线教育工作者面对的重要命题。

为此,我们有必要溯源素养的脉络,为具体实施铸魂定向。距离上一次课程改革已经过去20多年,我国基础教育目标发生了从"有学上"到"上好学"的深刻变化,要实现基础教育的高质量发展,必须进一步明确课程内涵式发展的方向。新方案强调以核心素养为纲,统领层级化的育人目标体系,强化了教育的"实然"状态。华东师范大学崔允漷教授在论述核心素养的课程意义中提到:"核心素养是可把握的教育目标实体,是一种可实现的、多层级的教育目标体系,而培育学生的核心素养离不开具体的学科课程或综合课程,课程发展的起点或终点是核心素养,核心素养把持知识与技能能否进入课程现场的

笔记区

'入口关',监控知识与技能的作用方向,确保其育人功能的实现,即核心素养的养成",由此可见,核心素养不是推翻学科知识与技能的培养,而是在此基础上形成能力及品质,两者互为手段和目的。

在核心素养的大潮中,课程改革势如破竹,与新方案同时出台的《义务教育科学课程标准(2022年版)》(以下简称"新课标"),一个显著的变化就是取消了学科领域,取而代之的是大概念和跨学科概念统整学习内容,与此同时新课标突出科学课程的实践性,凸显技术与工程的育人价值,倡导学生经历有效探究和实践过程,激发学生在探究和实践中积极思考。

在新的时代背景下,素养让学科教育找到了"家",也直接回答了教育"为谁培养人,培养什么样的人"这一根本问题。如果说核心素养是"求乎其上",那么课程目标就是"得乎其中",课程教学就是"即教即得",新方案和新课标运用"培养目标—课程标准—素养目标"这样一套一致性、层级化、可操作的素养导向的目标体系,使得我们的教育实践既有机会目睹"想得到的美丽",又可以享受"看得到的风景",还能创设"走得到的景点"。为一线教师提供了清晰的路径和实践依托。

二、以"综合"为视角的课程取向

素养教育呼唤综合性学习,这正是因为"综合"一词本身便与核心素养之间有着诸多的内在一致性,那么为什么要提倡综合学习?综合学习所倡导的综合课程样态特征是什么?经过查阅相关资料,初步对上述问题做出简要回答。

历史上,关于学科内容的组织出现过两种立场,分别是以学科知识编排为代表的"学科结构派",其代表人物是美国教育心理学家杰罗姆·布鲁纳(Jerome Seymour Bruner);一种是以活动经验为代表的"活动结构派",其代表人物是美国哲学家约翰·杜威(John Dewey)。前者以高度结构化的方式组织知识,方便学生理解、记忆知识,后者推崇活动设计、项目学习,但由于缺乏系统设计,在较少学科知识的参与下又会导致"一英里宽、一英寸深"的学习结果。近年来,过于注重知识的教学因缺乏实操性而备受诟病,而强调活动的教学又因为实践难度大而不断搁浅。因此,在本次教育改革中提出了两条路径、三种策略来实现"有组织"地学习。其中一条路径便是横向结构化,横向结构化就是综合课程提出的背景。具体地说,横向结构化是以真实活动为组织起点来架构学习经验,最终指向解决问题的过程。横向结构化有三种方式构建课程:一是学科内知识整合学习,二是跨学科主题学习,三是综合课程学习。

学科实践是综合学习的重要突破口,为核心素养时代学科育人提供了新的范式。学科实践与"学科结构"和"活动结构"的教学不同,既注重学科知识,也关注活动实践,学科实践更强调通过实践获取、理解与运用知识,倡导学生在实践中建构、巩固、创新自己的学科知识,学科实践不仅要求学生具有强烈的自主性,而且强调真实的社会性。通俗地说,就是要求学生用"学科方法"获得"学科知识"。以学科实践为重要特征的综合科学的课堂是兼具学科性和实践性的,一定要以知识储备为基础,通过实践的方式获取、理解、评价与运用知识,在实践中建构、巩固、创新自己的学科知识。学科实践的综合课堂对学生的自主学习能力和解决问题能力提出了很高的要求。

三、在教育"双减"中用科学教育做加法

习近平总书记强调:"要在教育'双减'中做好科学教育加法。"青少年时期是树立理想、培养兴趣的关键期,激发青少年好奇心、想象力、探求欲,培育具备科学家潜质、愿意献身科学研究事业的青少年群体,不仅必要,而且重要。加强科

笔记区

学教育是全社会共同的责任，学校作为教育主阵地，更要充当先锋，开山辟路，为全体学生的科学素养铺就扎实底色，相信科学、热爱科学、志于科学研究。显然单靠国家课程是比较难以实现这一宏伟蓝图的，必须辅以更多元的科学课程体系，"科学+"课程怀胎4年，已经积累了足够的经验形成了完整的课程体系，随着课程的逐渐升级，惠泽的学生越来越多，也更加坚定了坚持课程建设的决心和信心。

四、以"科技"为特色的小、初、高一体化课程架构

北京育英学校于1948年建校于西柏坡，1949年跟随党中央迁入北京，经过多年的探索与实践实现了学校的快速发展。目前学校已成为一所九年一贯、十二年一体的特色学校。基于一贯制的办学优势，学校构建了小、初、高以"基础课程、修身课程、发展力课程"三类课程为载体的"育·英课程"一体化课程和综合素质评价体系，如图0-1所示。基础课程落实国家课程的基本要求，突出基础知识和基本技能的重要地位；修身课

图 0-1

程涵养学生品格，以"修仁、修智、修义、修礼、修信"为目标，以"践行常规、自主管理、志愿服务"为载体，为学生注入成长发育的精神之"钙"；发展力课程引领学生主动发展、思维优化、实践创造。基础课程评价记录学生九年一贯的学习情况；修身课程评价聚焦学生的个人修养、行为规范、责任担当精神；发展力课程评价指向学生的动手能力、想象能力、创造能力等方面。

经过多年的实践和完善，学校的三类课程的联动效应发挥了巨大的育人价值，科技见长也获得了来自教育界和社会的高度认可，随着2017年普通高中的深度变革启动，经过5年的探索与实践，学校已经形成了较为成熟的科学特色课程群框架，并于2022年9月申报了高中科学特色校。随着高中定位的变化，学校义务教育阶段的课程方案急需注入新鲜的课程血液以对接高中的科技特长生培养。那么学校在开齐开足国家基础课程之外，还要开设指向更高水平的科学素养培养的综合课程，一方面是响应新课程方案所提倡的综合学习的积极探索，另一方面也是帮助学生在科学学习上获得更高水平的支持。以"科技"为特色的小、初、高一体化课程设计能够帮助学生获得理念一致的学习体验，减少水土不服的情况发生。

为此，编者及其团队经过认真分析、系统学习，结合当前教育改革趋势，立足于本校实际，经历多年实践开发了校本"科学+"课程，并设置专门的时间实施课程。这既是北京育英学校在义务教育阶段横向结构化课程的积极探索，也是为本校高中科技特色课程建设奠定坚实根基。

第二节 "科学+"课程的内涵界定

如果说分科课程是为学生面对综合问题时打开的独立视角，那么随着分科课程育人影响的扩大，不可避免地会产生科

笔记区

笔记区

学概念的离析和话语体系的分立，但如果有一种视角能够帮助学生打破壁垒，融合地看待现实问题，那么它的出现一定是在分隔的"小房间"中打通的"道路"，与义务教育科学课程相比，"科学+"课程就是这样一条"道路"，帮助学生能够更自如地出入不同学科撷取知识方法，解决问题。因此，"科学+"课程是一类着眼于解决问题的综合性实践课程，以表现性任务为载体、思维方法为核心、成果创造为结果的三维立体课程架构。按照任务难度和开放程度的不同，"科学+"课程包含面向全体的综合科学课程、面向群体的融合课程和面向个体的掇英课程。

"科学+"课程的"+"体现在哪些方面？首先是课程目标做加法，经过对科学新课标中课程目标的解构，将科学观念、科学思维、探究实践、态度责任四个维度的子目标重新建构为意、情、知、行相统一的目标系统，在智力目标的基础上增加了非智力目标；其次是课程内容做加法，课程内容以完成综合性的任务/解决问题为主，体现跨学科的特点，具体跨越哪些学科？我们的回答是义务教育中的所有学科。这些学科为学生提供了不同的学科视角和方法技能，比如语言理解类的学科帮助学生进行信息理解、提取与整合；科学技术类的课程帮助学生进行原理分析和成果实现；数理课程帮助学生抽象表达、模型建构，我们将其视作学科"灯塔能力"。以真实生活为素材整合问题情境，以"大观念""跨学科概念"为核心整合跨学科内容。最后是课程评价做加法，课程评价是完成课程闭环的"最后一公里"，除了每个项目的表现性任务评价，我们依托国家课题——"学校增值性评价实施策略研究"纵向观照学生的素养发展。此外，评价主体多元，学生自评、教师评价与家长评价相结合，创设更加开放的评价视角，破除量尺的单调性，满足多样化的个性需求。

瑞士儿童心理学家让·皮亚杰（Jean Piaget）在儿童语言和思维发展的研究中提到：11~16岁的儿童进入形式运算阶段，

基本具备了成年人的认知水平,思维可逆、灵活,逻辑思维能力发展迅速。因此,实施"科学+"课程的起始年级为四年制初一(北京育英学校义务教育属于五四学制)。

第三节 课程目标

一、课程总目标

综合课程群的目标来源于中国学生发展的核心素养,具体包括文化基础、自主发展、社会参与三个方面,综合表现为人文底蕴、科学精神、学会学习、健康生活、责任担当、实践创新六大素养。在此基础上进一步提出科学核心素养——科学观念、科学思维、探究实践、态度责任四个方面。科学观念是科学课程本质属性的集中体现,是其他素养的基础;科学思维是科学核心素养的核心,主要包括模型建构、推理论证、创新思维三个要素;探究实践是形成其他素养的重要途径,包括科学探究、技术与工程实践、自主学习;态度责任是通过科学学习内化形成的必备品格,包括科学态度和社会责任两个方面。

为了将"科学核心素养"落实到每个学生的实际成长上,我们必须具体地定义我们期望学生得到的学习结果。首先,学生需要具备广泛的知识基础,要比网络搜索更深入地理解学科;其次,在基于探究的、真实的、动手的实践任务中选择知识方法;再次,在深度理解的基础上迁移,即运用跨学科思维创造性地解决问题;最后,学生形成对学习的信心、习惯和素养。通过对科学核心素养的解构和建构,我们形成了课程语境下的本土化的"科学+"课程目标,如图0-2所示,即学完四年的"科学+"课程后,可以达成以下目标。

(1)在知识内容维度上,学生将经历所有核心概念和跨学

笔记区

科的学习，了解核心概念与跨学科概念的内涵与外延。

（2）在认知能力维度上，课程目标既包含思维目标又包含实践目标，学生将在认知能力的子级目标达到中上水平。

（3）在必备习惯维度上，学生将知道并理解在成功必备的习惯上自己的优势和可增值的领域。

（4）在目标感维度上，学生将有基于自己的价值和兴趣的长期计划以及可循证的落实路径。

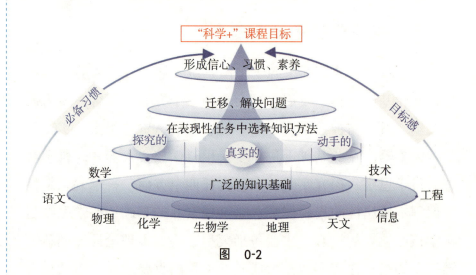

图 0-2

二、具体目标描述

1. 认知能力目标

认知能力是体现"科学+"课程本质的核心能力，是需要高阶思维的跨学科能力。它需要学生在真实情境、真实问题下自主输入、思维加工、实践探索、成果输出，因此，我们按照学生的学习逻辑将认知能力拆分成四个子目标，见表0-1，每一个子目标缺一不可，互为补充。

自主输入是综合学习的起点，需要学生基于项目选择合适的信息深入理解，对标科学核心素养中自主学习能力的培养；思维加工是综合学习的核心，需要学生运用思维方法和工具梳理、重组信息，获得解决方案；实践探索是综合学习的路径，需要学生经历一定的过程将方案付诸实践；成果输出是综合学习的终点，需要学生将整个学习过程形成闭环，形成可视化的作品或研究。以高阶能力水平为例，表0-2描述了拥有高认知能力的学生在"科学+"课程中要达到的目标表现。

 笔记区

表 0-1

	知		思								行					达			
	选择相关原始信息	整合多种原始信息	组织与呈现信息	识别模式和关系	类比与对比	建构模型	阐释数据与信息	综合分析与做出推断	设计解决方案	构建基于证据的解释	提出问题	猜想与假设	制订计划	收集证据	分析证据	口头表达	书面表达	视觉媒体	实物模型
自主输入	★	★																	
思维加工			★	★	★	★	★	★											
实践探索											★	★	★	★	★				
成果输出																★	★	★	★

表 0-2

一级目标	二级目标	高阶能力水平描述
自主输入	选择相关原始信息	选择能够支持、回答特定研究问题的、相关的、可信的信息资料来源，并且可以区分事实和观点
	整合多种原始信息	整合多个来源的信息来支持一个论点或解释
思维加工	组织与呈现信息	组织和表示信息，例如，数据数组、表格、图表、图形和公式
	识别模式和关系	分析信息以识别与理解现象或解决与设计问题相关的模式/关系

笔记区

（续）

一级目标	二级目标	高阶能力水平描述
思维加工	类比与对比	能够分析或评估其他事物与研究对象的重要的相似和不同之处
	建构模型	能基于事实经验抽象概括出理想模型，初步理解模型和建构模型
	阐释数据与信息	从来源解释数据/信息，并对现象、模型或解决方案提出有效、可信的见解
	综合分析与做出推断	能够合理分析与综合判断各种信息、事实和证据；能够做出多个基于证据的、清晰的推断
	设计解决方案	设计一个解决方案（例如，一个产品、工具、方案或者系统），这个方案由科学研究支持，并且符合标准和约束；通过测试分析来评估和改进解决方案
	构建基于证据的解释	用经验证明、学科理念和逻辑推理解释一个现象
实践探索	提出问题	提出重点突出、可回答且可研究的问题
	提出假设	能够就探究问题构建一个精准的、可验证的假设，并且能够精准地定义并解释自变量和因变量之间的关系。假设是基于观测、探究、科学原理、模型或者理论提出的
	制订计划	能够就调研或设计要求提供有细节的、有条理的、可复制的步骤，以得到与调研目标精准适配的证据或数据
	收集证据	能够使用不同方式、通过多种渠道准确地收集信息
	分析证据	能够结合观察到的现象，依据一定的科学原理和理论等对探究的问题进行比较完整的解释，能够初步认识到现有结论的局限性
成果输出	口头表达	辩论、新闻播报、情景剧、访谈、演讲
	书面表达	文字简报、解说词、信件、文本分析、实验报告、调查报告
	视觉媒体	海报、视频、公众号
	实物模型	产品、模型

2. 知识内容目标

知识内容目标见表0-3。

表 0-3

知识类型	内容选择
事实性知识	能够知道与项目问题背景相关的事实性知识、常识和事件
概念性知识	在事实、经验的基础上形成对客观事物的抽象认识，能够联系相关科学概念、规律和原理
程序性知识	知道科学研究过程、科学方法、思维工具（图示）的知识
元认知	理解量规的知识，从更高层次审视自己的思维和实践，了解自己的学习水平

3. 必备习惯目标

一个人从出生成为一名家庭成员，到成为社会的一员，需要经历不断社会化的过程。一个优秀的人除了具备广泛的知识、敏捷的思维之外，还应有健康的自我认知和学习能力，必须依靠课程中积累的习惯和对自我的了解。必备的习惯包括以下五个方面的能力：①好奇心；②自我引导；③自我管理；④自我内在激励；⑤营建人际关系。

4. 目标感目标

目标感是学生经过学习后内化于心的对科学更持久的热爱和志向，能够将这种持久的志趣转化为一条具体的路径。目标感能力包括以下两个方面：①成长型思维；②目标管理能力。

第四节 课程架构

基于上述课程目标，我们搭建了"三水平一贯穿"的课程群模式来实现认知能力的培养，如图0-3所示。"三水平"代表课程的阶梯性，既能满足全体学生的普适性需求，又能给予有特长的学生更专业的支持，还能为拔尖人才定制个性化的学习资源。"一贯穿"说明，尽管课程是分层的，但培养目标的核心是一致的，都是围绕"认知能力"落实相应子目标，只是在不同层次的课程中各子目标的评价水平有不同。

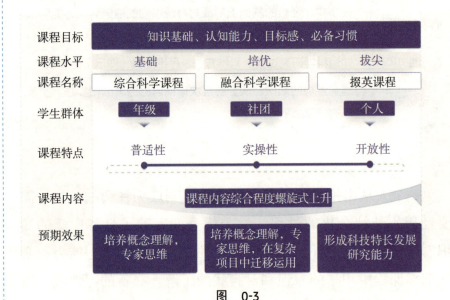

图 0-3

综合科学课程是面向四年制初一年级全体学生开设，主要用长、短结合的项目落实科学研究方法和科学思维，项目的内容来源于国家课程的拓展延伸及主题式的问题研究，预期的学习结果是学生通过学习和体验对科学概念产生基本的理解，掌握基本的科学研究方法，此课程编入课表实施；融合科学课程（原STEM课程）是面向年级有科学特长的学生，课程内容的选择更为广泛，有时事热点、智能制造，还有校园资源开发等，所选素材全部来源于真实生活，培养学生迁移能力，此课程在课后服务时间实施；掇英课程也称拔尖人才培养课程，主要是给在科学研究方面有兴趣且有能力完成研究任务的学生开设，主要形式为一对一辅导，为学生参与市（区）级比赛提供专业的资源支持，形成科技特长，发展研究能力。

第五节 课程内容

课程内容选择有三种类别：一是以科学研究方法为主的自然科学项目；二是以社会调查为主的社会科学项目；三是以发明创造为主的工程实践项目。课程内容整合的统领核心为跨学科概念和解决复杂问题的思维路径，如图0-4所示。

图 0-4

第六节 课程实施方式

一、课时安排张弛有度

我们在原本每班每周2节科学课的基础上增加1课时，保证综合科学课程面向全体学生，见表0-4。由于授课教师同时负责科学课程和综合科学课程教学，他们可以方便灵活地把综合科学课程与科学课程整合实施。如教师会根据单元目标和学生基础将部分单元从原来7课时压缩为5课时，节省出来的更多时间就可用于综合科学课程中项目任务的完成。或者，教师对新课标课程进行拓展，转化学习成果，也可以灵活安排课时，保证学生实践充分有效。当然，这对老师的课堂教学提出了更高的要求，强调精讲精练，减少无效劳动，在保证课堂质量的前提下，提高课堂教学实效性。

笔记区

表 0-4

	星期一	星期二	星期三	星期四	星期五
第一节				教研	
第二节	四年制初一1班 综合科学	四年制初一4班 综合科学		教研	四年制初一3班 综合科学
第三节	教研	四年制初一5班 综合科学		教研	四年制初一1班 综合科学
第四节	教研	四年制初一2班 综合科学	四年制初一4班 综合科学	教研	
第五节				教研	
第六节	四年制初一2班 综合科学	四年制初一5班 综合科学	四年制初一1班 综合科学	教研	四年制初一5班 综合科学
第七节	四年制初一3班 综合科学		四年制初一3班 综合科学	教研	四年制初一2班 综合科学
第八节				教研	四年制初一4班 综合科学

融合科学课程在课后服务时间实施，每周90分钟，课程性质、内容要求教学时间相对长一些，使得学生能够充分参与、观察、假设、实践和思辨等。

二、整合教师资源，成立课程研发团队

"科学+"课程背后有一支由物理教师、化学教师、生物学教师、科学教师、信息科技教师和劳动教师组成的研发团队，如图0-5所示，分编成项目开发组和资源包建设组。项目开发组负责研发课程内容、设计学案和整合课程资源，在实施中及时总结，通过评价自我反馈，完善课程案例；资源包建设组负责开发教学辅助资料，如《科学研究指南》，帮助课程更顺利地实施，实现课程育人"由扶到放"的增值变化。并且，不同学

科背景的教师会互相听课，观察课堂实施的效果和学生动态，每两周利用固定的时间开展教研，教研主题包括但不限于听课反馈、内容共创、成果梳理、理论学习和课程调研等。作为课程研发的主力军，团队教师破除学科边界，保持跨界意识、运用创新思维、增长实践技能，自发地成为学校科技教育的引领者、指导者和合作者。

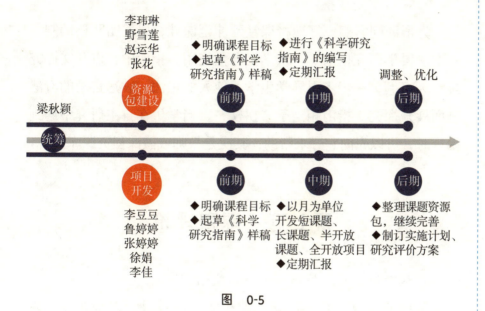

图 0-5

三、建立"科学+"课程资源库

1. 项目课例

以每学期为周期进行项目汇总，保留成熟且完整的项目以便进一步迭代，修正其他项目供下一届使用。截至目前，综合科学课程已形成25个课例，融合科学课程已形成30个课例，掇英课程已形成教师指导系列微课程视频若干，公众号文章10余篇。

2. 学案

由于综合科学课程是课程研发团队依托真实情境，结合校园环境、学生学情需求等自主研发的校本课程。所以在授课中

笔记区

用学案代替了教材，试图用学案引导学生思考实践。学案通常由四部分组成：基础摸底、概念辨析、练习实践、综合运用，基础摸底属于学情调查，摸底学生的基础水平；概念辨析引导学生识别图式概念，掌握科学的方法；练习实践训练学生掌握并运用科学方法/概念；综合运用通常设计更复杂、难度更高的任务，培养学生的迁移能力。

3.《科学研究指南》

为帮助同学们更好地将课堂延伸至课外，研发团队还编制了一本《科学研究指南》，供学生自主使用。指南中，以真实探究过程为案例，一步步引导学生学习他人的想法、表达自己的看法进而展开探究。指南相当于"拐杖"，当学生在自主研究中遇到困难时，可以先向它寻求帮助，其次是教师或微课程资源库。

第七节 课程评价

1. 建立通用评价量规，引导学生横向发展

量规的有效性直接反映了课程实施的效果，但是在教学时教师通常会自己设计量规，会导致量规的精度良莠不齐，很难判断课程的有效性。那么怎样统一教师的"话语体系"，我们引入斯坦福大学SCALE中心的认知能力评价量规，在此基础上根据本校学生的学习情况修改相应水平表述，形成"科学+"课程的通用评价量规，实现教—学—评一致。描述性通用量规分为9个水平，综合科学课程的要求是水平1~水平5，融合科学课程的要求是水平3~水平6，掇英课程的要求是水平5~水平7。

2. 引入增值性评价，注重学生的纵向变化

相比于"一刀切"的成绩排名，我们更倾向于通过增值性评价发现学生的更多潜能。依托"北京育英学校学生成长服务平台"实时记录学生成长印记，可以直观地反映学生在目标维

度的进步与增值。我们在平台上按照培养目标的分类确定相应的指标体系并予以赋分，学生每完成考核点相应的项目或者任务后，教师会同步上传学生的作品并打分，通过量规判断学生的发展水平，从而判断学生在目标上的增值变化。增值性评价不仅方便教师追踪学生的动态发展，也方便学生及时强化优势、补足劣势。减少学生间的"内卷"，形成正确的自我认知观念和目标管理能力。

3. 评价主体多元，满足多样化的个性需求

评价方式应提高学生的参与性。一方面评价反馈了学生的认知水平，另一方面也引导学生更好地发展。所以评价是多向的，既可以是教师评价，也可以是学生评价，也可以是自我评价，也可以是家长评价。过程性非智力因素的评价内容和形式通过师生协商确定，有助于学生明晰发展目标、获得自我发展的掌握感和自主能力。评价内容关注学生的自主发展能力，如选择发展方向、规划发展、时间安排的能力等，以保障充分发展的人格特质，如好奇心、自我引导、自我管理、自我内在激励、良好的人际关系。

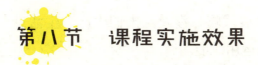

第八节　课程实施效果

一、综合科学课程

综合科学课程按照课程目标设置相应的评价节点，并匹配相应的任务类型检验学生的学习成果。

二、融合科学课程

依托学校创建"思与索实践展示空间"微信公众号这一平台，融合科学课程的产出成果可以得到及时记录，截至2023

年，微信公众号一共刊登了学生研究成果523篇，其中科学探究成果70篇，研究课题选题丰富，涉及众多科学领域，并且部分优秀的作品还被众多杂志转载。比如卢濬峣同学，就已经在5家不同的杂志上发表了探究成果。

三、掇英课程

课程的各个评价指标数据都呈增长趋势，学生学习后的成果转化率连年提升，学生个人偏好的纵向发展方向逐渐明晰，这表明：在课程引领下，学生关注科学技术、学习科学兴趣效果显著，学生以实践创新为方向去思考探索、享受科学乐趣正在向好发展，学生树立科学志趣、立足科学技术的实践创新素养正在提升。在此基础上，近三年北京育英学校每年在科技竞赛与展示方面整体获奖情况位居全市（区）前列。

1. 案例一

北京市中小学生科学建议奖活动是由北京市教委主办的中小学生科技竞赛重点活动之一，"关注社会热点，科学表达主张"是本项活动的长期主题。围绕活动主题，参考议题立足新发展阶段贯彻新发展理念，围绕"人文北京、科技北京、绿色北京"首都发展战略，涉及与人们生产、生活息息相关的实际问题，为知识运用赋能。

学校高度重视科技教育工作，以科技见长作为重点工作之一。老师们结合我们的竞赛课程对学生研究方法、资料查询和创作写作能力进行培养，利用课余、节假日与学生共同商讨规划、探究实践、修改完善。学生参与度很高，获奖率也在不断提升。

2023年，在科学建议方面，北京育英学校"关于完善公园植物身份标识的建议"荣获北京市中小学生科学建议提名奖。学校获得北京市中小学生科学建议奖二等奖的项目共19个，占海淀区50%，占北京市23.5%；获得三等奖的项目共15个，占海淀区36.6%，占北京市15%。在建言献策项目方面，北京育英学校学生参加第十四届北京市中小学生科学建议奖活动，共有478项作品获奖。

2. 案例二

第22届北京市中小学生金鹏科技论坛活动，经过专家初审、复审、终审，共产生652项获奖项目，并于2022年5月21日至27日进行了公示。最终，海淀区共有127个项目获得一、二、三等奖，约40所学校的作品获奖，平均每所学校有3.2个作品获奖，北京育英学校共有23个项目获奖：一等奖3个、二等奖6个、三等奖14个，远超海淀区平均值！

教育部在《义务教育科学课程标准（2022年版）》的修订原则中强调：坚持创新导向。强调课程的综合性和实践性，推动育人方式的变革！除了面向北京市科学建议奖活动，竞赛课程还面向北京市中小学生金鹏科技论坛、北京市青少年科技创新大赛、北京市中小学生植物栽培大赛等，辅导学生参与各级各类科技竞赛，凸显了学校对学生综合能力与实践操作能力的培养，进一步助力学生的全面成长与核心素养的提升。

受益其中的学生们，在老师的引导下，放下手机、远离游戏，在科技知识的海洋中探究未知世界：自然科学、社会科学、发明创造。老师们在尊重学生思想丰富性、多样性的同时，注重发现、发挥学生的潜能，帮助每一位学生追寻属于自己的未来。

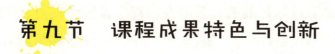

第九节　课程成果特色与创新

一、逆向设计：从结果倒推目标

课程从表面意思来看就是课的行程，课是一种载体，程是

📝 笔记区

一种路径，最终目标是为了达到某种预期的规划。换句话说，课程是有终点、有目的、有设计的学习过程。只有当我们清楚经过一段时间的学习应该取得什么样的结果，我们才能设计出好的"课程"来实现它，因此课程目标要从结果中逆推出来，叫作逆向设计。逆向设计理论是由美国教育评价专家格兰特·威金斯（Grant Wiggins）和马里兰州评估委员会主任杰伊·麦克泰格（Jay McTighe）合作，积极倡导的一种"理解为先教学设计理论"，我们应用逆向设计的原理设计课程，心中装有目标蓝图，在目标蓝图下筛选课程内容，组织各种信息帮助我们更好地在框架下开展教学。逆向设计的第二个特征是评价先行，当我们设计好课程内容后，要提前进行评估点设计，这样能更有效地检测到学生的学习效果，实现靶向反馈。

二、知行合一："教—学—评"一体

"教"一般是指为达成教学目标由教师表现出的教学行为；"学"是指为达成教学目标由学生表现出的学习行为；"评"是指参照预期设定的教学目标评价教学中的实然过程和结果，以期调节教学过程，问诊教学结果，促进学习发生。

"科学+"课程的课程目标来源于科学核心素养的细致刻画和新课标的融合解读，在教学目标上有更为具体的描述，并且以"行知意情"为分类标准划分清晰，帮助教师更好地筛选、组织教学内容，设定学生预期的学习表现。学生的学习过程也是围绕教学目标开展的，教师在课程中设置考核点，围绕目标进行多种形式的评价，"教—学—评"一体能够帮助教师更快速地诊断学情，帮助学生更有针对性地监控自己的学习过程，这是一个开放的课程思维。总的来说，"教—学—评"一体能围绕教学目标，三位一体地指引教师的教学活动、学生的学习活动、学生的学习评价趋向更高的匹配度。

三、表现性任务群：像专家一样实践

 笔记区

第一，让学生积极体验丰富的学习形式。由于这些开放性任务设置在真实的、现实的环境中，它们从三个方面激发学生的学习动机和参与度：①当学生在课堂之外做一些有价值的事情时，更有可能看到意义性和相关性；②学生更有可能认识到需要学习的基本内容和基本技能，这是真实工作的必要条件；③学生有"发言权和选择权"且做与自己的才能和兴趣相关的学校作业，学生的参与积极性更高。

第二，自然而然地将"21世纪技能"与学科内容和技能结合起来。诸如批判、协作、沟通、创新，这些在学校以外的真实世界中受到高度重视的技能，这些通常在"毕业生画像"中反复被提及的技能，在"科学+"课程内，能够通过设计来培养和评估。

第三，转变只追求"覆盖"教学内容的做法。注重表现性的课程，鼓励的教学方法，是让学生能够在新的多变的情况下学以致用的教学方法。比如教练们都能认识到自己的工作是让运动员为比赛做好准备（真实的表现），而不是一页一页地"覆盖"战术手册！

笔记区

第 1 章 明确问题

第一节 发现并描述问题

情境导入 >>>

你今天吃鸡蛋了吗？水煮蛋还是煎鸡蛋？你爱吃鸡蛋吗？鸡蛋的结构是怎样的？煎鸡蛋更有营养还是水煮蛋更有营养？怎么分辨鸡蛋的新鲜程度？什么样的鸡蛋能够孵化出小鸡？毛蛋是什么？毛蛋吃了有没有什么害处？为什么在春分这天能够竖起鸡蛋？如何区分熟鸡蛋和生鸡蛋？鸡蛋如何摆放更容易保鲜？双黄蛋能否孵化出孪生小鸡？

爱因斯坦曾说："提出一个问题往往比解决一个问题更重要，因为解决一个问题也许仅仅是一个科学上的实验技能而已。"你发现问题了吗？发现一个有价值的问题是我们展开研究的关键。

你的做法 >>>

请用表1-1记录一下这一天内你发现的问题，同时记录下发现这些问题的场景。

表 1-1

序号	你发现并提出的问题是什么	这个问题是在什么场景下发现的
1		
2		
3		
4		
5		
6		
7		

📝 笔记区

🔗 知识链接

★ 问题的解释

什么是问题呢？在网上查询后，我们得到了这样的解释：①要求回答或解释的题目；②需要研究讨论并加以解决的矛盾、疑难；③关键，重要之点；④事故或麻烦。

这里②的解释就是我们需要的问题的解释。

我们需要寻找那些经过研究、实践后最终通过行动和创新才能够解决的难题和矛盾。这些问题可以涉及很多方面，这些问题一般都不容易解决，因为他们与一些数学考试题不一样，它们的答案不唯一，解决方法也不唯一，解决过程也会比较坎坷，这种问题叫作结构不良好问题。

例如：同学们都喜欢打篮球、踢足球，在一次比赛中，红队获得一次罚点球的机会，他们准备派三名队员中的一名去罚点球，表1-2是这三名队员近期罚点球的情况统计。你认为该选派哪名队员去罚点球？

表 1-2

队员	罚球数/个	进球数/个
3号	20	18
5号	10	8
7号	25	21

> 笔记区

解： $18 \div 20 = \dfrac{18}{20} = \dfrac{90}{100}$ $8 \div 10 = \dfrac{8}{10} = \dfrac{80}{100}$ $21 \div 25 = \dfrac{21}{25} = \dfrac{84}{100}$

因为 $\dfrac{18}{20} > \dfrac{21}{25} > \dfrac{8}{10}$，，所以应该派3号队员去。

这是个结构良好问题，问题的初始状态、目标结果和解决规则是相对确定的，是可以判断答案是否正确的。

例如： 小吴同学发现学校后勤师傅每天要给散落在学校各个角落里的观赏鱼喂鱼食，每天提着一大袋子鱼食走在校园里，也很辛苦，那么能否想个办法来帮一帮后勤师傅呢？在这个问题的解决过程中首先要了解哪里有鱼，有多少鱼，鱼每天吃多少鱼食，后勤师傅每天喂鱼食的量是多少？

解： 知道这些信息后，如何能够解决最初的问题呢？是每天去替后勤师傅喂鱼食，指定喂鱼食的量，组织喂鱼食小组进行定期鱼食投喂，还是设计一个自动喂鱼食的机器，代替人工投喂鱼食呢？……

解决这个问题的方法和过程有很多，最后生成的结果也不尽相同，这类问题叫作结构不良好问题。

★ 问题的描述表达方法

表达问题时通常会使用一些疑问词，比如为什么、什么样、怎么办、什么是、如何等。问题描述的主题是对问题情境的描述，这时需要将产生疑问的主题说清楚。例如为什么银杏叶在秋天会变成黄色？哪些因素导致银杏叶到了秋天会变成黄色？这些问题在很多搜索引擎中很容易获得答案，这些问题会比较肤浅，当我们学习了一些相关知识后，我们再次对这些问题进行思考后就能够提出更有深层意义的问题，比如如何验证叶黄素会导致银杏叶片到秋天变成黄色？

★ 发现问题的途径

我们可以选择一些感兴趣的话题使用关键词联想法绘制联想图，将图中产生的分支进行重新组合，有可能会激发我们发现问题。

图1-1是基于爱好进行的关键词联想法，我们还可以找到更多的关键词，从而延展出以下问题：

劳动问题、交通问题、网络问题、服饰问题、旅游问题、消费问题、健身问题、交友问题、思维问题、校园植物问题、校园昆虫问题、垃圾分类问题等。

笔记区

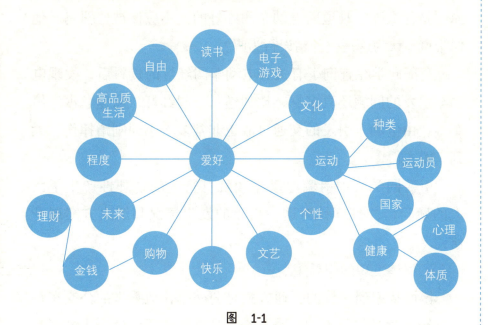

图 1-1

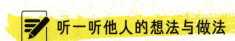 听一听他人的想法与做法

1. 涵涵发现的问题（四年制初一）

涵涵同学很喜欢吃水煮蛋，妈妈每天早晨会给他煮一个鸡蛋，可是他发现有的时候水煮蛋好剥皮，有的时候不好剥皮，他对这个现象产生了一系列问题。都是水煮蛋，为什么有差异呢？这个差异是如何产生的？是鸡蛋的问题吗？还是煮鸡蛋过程中的问题呢？听说有煮完鸡蛋后用凉水泡一下的说法，是不是有用呢？带着这些疑问他就展开了尝试。他发现凉水泡一下的确有助于剥皮，但是不知道泡多长时间合适，于是涵涵同学展开了泡水时间长短对于剥皮难易程度的影响的研究。

> 笔记区

2. 衡蘅发现的问题（四年制初二）

衡蘅同学经常骑车上下学，在往返的路上会经过很多路口，路口遇到红灯时他会停下车等待，而这时会发现一些骑电动车的人闯红灯的现象。衡蘅同学就产生了疑问，他们为什么闯红灯呢？他们为什么不遵守交通规则呢？他们着急闯红灯的原因是什么呢？难道骑电动车闯红灯的人不应该被处罚吗？他们难道不认为这是一种错误行为吗？

衡蘅同学在查询了有关骑电动车闯红灯的资料后，发现电动车引发的问题还真多啊，比如逆行、闯红灯、超速、占道停车等，由电动车引发的交通事故也非常多，小到剐蹭摔伤，大到车毁人亡。

衡蘅同学心中对骑电动车闯红灯行为的合理性产生了巨大的疑问，并打算针对这一现象的发生情况和解决方案展开研究。

3. 博博发现的问题（高一）

博博从家到学校的交通方式是公交车，他乘坐的公交车每天都会路过学校附近的一个公交大站，每次通过这个大站时都会产生拥堵，这里称为大站的原因是有很多公交线路会经过这里，另外就是这个站点附近有大型医院和商场。每天的公交出行，让他产生了一些思考。为什么同一条路上要设那么多公交线路？有些线路乘坐率很高，有些线路乘坐率很低，差别巨大。这样安排公交线路的目的是什么？经常会出现同时四五辆公交车都等待进站的情况，这是造成拥堵的一大原因，这和公交车的调度有关吗？和公交车的线路设计有关吗？这个公交站台很短，站台等待的乘客很多，而公交线路也很多，很容易出现一辆公交车进站，人挤人的现象，这些问题如何解决呢？为了解决这个问题，他借助寒暑假走访了其他一些公交站点，发现这些公交站点也会有类似问题出现，这背后的原因是什么呢？带着这个问题，博博同学展开了北京公交线路、站台问题分析及解决方案的研究。

4. 教师的想法

发现问题并描述问题的过程需要几个环节，首先要善于发现问题，然后要敢于提出问题，之后是要有深入揭开问题的神秘面纱、寻找到产生问题的关键因素的能力。

我们可以给自己设定每天提出两个问题的目标，让自己时刻保持好奇心、探索欲。

然后我们要经常创造条件与他人进行交流，这时可以选择与老师交流，与家长交流等，所谓三人行必有我师，这个过程会促进我们对问题的深度和广度进行思考。

我们需要养成问题不过夜的习惯，有了问题及时记录下来，也可以准备一个问题记录本，把我们的思考及时记录下来，长此以往一定会提高我们的思维水平。另外一层含义就是及时解决问题，对每天发现的问题要及时查询资料或者询问老师，对于容易解决的问题当天要知道答案，将不易解决的问题记录并积累下来。

> 笔记区

现在你的想法和方案

你能为自己设计一个问题台账吗？每天记录你发现的问题。

菲菲同学的做法是图1-2，对你有启发吗？赶紧行动起来吧！

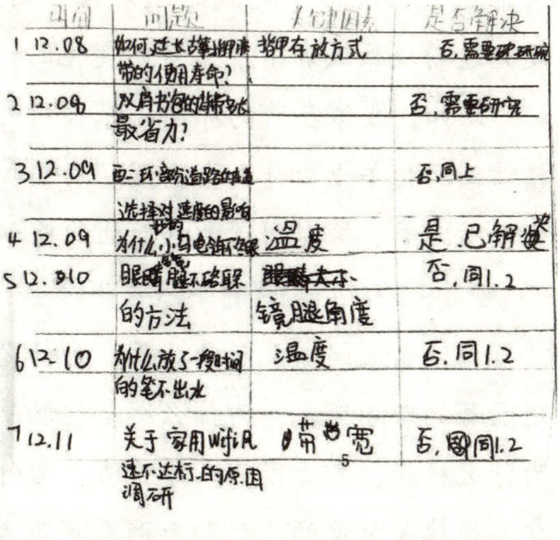

图 1-2

笔记区

"发现问题"难？难！也不难！

北京育英科技课程研究小组　李豆豆

"如何发现问题"是一个老生常谈的话题，老师也经常会强调"发现问题比解决问题更加重要"，因为在科学探究的流程里，发现问题、提出问题是整个探究的核心。尽管如此，一旦脱离课堂环境，同学们在生活中发现问题却又困难重重。准确来讲，纵观大家参加科技比赛的课题后，我发现有些选题过于老旧甚至有些鞭长莫及，这就引发了豆豆老师的思考，怎样在生活中发现好玩有趣的探究问题呢？我结合自己的经历总结了一些策略供大家参考。

1. 在变化明显的现象中发现问题

小苏打和白醋混合能产生"火山喷发"的效果；紫甘蓝溶液和白醋混合会发生变色反应；非牛顿流体遇强则强，遇弱则弱，这些显著的视觉变化总能激发我们的探究欲望。没错，目前来说，"观察"是我们探索世界的主要通道，当我们发现从没见过的现象或者出乎意料的变化时，问题就出现了。

比如，我家窗前的那两棵银杏树为什么一黄一绿；再比如酒精喷到门把手上为什么会出现"白霜"；或者酱油放在冰箱里怎么没结冰等。探究问题来自于让你感到意外的显著变化中。

2. 在变化相似的现象间寻找规律

为什么太阳每天东升西落？为什么地球上有些地方每年会出现显著的四季变化？为什么有些植物总是向着阳光的地方生长？为什么松柏、冬青可以四季常青？为什么会出现有规律的月相变化？规律是抽象的，借助于形象事物来表达，通常需要我们抽丝剥茧、对比分析，将事物的本质特征和外在表现建立联系。

我们在小学科学课程学习中，经常会遇到这样的问题，而探索规律性的问题有一个重要的前提——研究对象是多个的，这就意味着我们要了解多个个体的特征和表现。因此，探究问题来源于你对众多事物的观察比较、分析推理。

上面两种方法大家用得最多，但只用这两种方法发现问题，还是觉得有点不够，终于在春节假期中，我找到了第三种方法，第三种方法算是豆豆老师的实践反思。话不多说，第三种方法倾情奉上。

3. 注意—关联

图1-3是我在春节回家的路上看到的，出于科学老师的职业敏锐性，铁轨旁的碎石走进了我的视野，心想为什么要铺这么多碎石？左图站台里的轨道旁却不是碎石了，反而变成了规则的大石块，这又是为什么？

图 1-3

解答这个问题不是重点，重点是我以前坐过那么多次火车，为什么没有想过这个问题？苦思冥想后，我的解答是"看到不一定注意到"。其实，发现潜藏在身边的问题很简单，第一步就是"注意"，这是有意识地将自己和研究对象建立联系的过程，没有这一步，你会错过很多探究的契机。

注意到铁轨下的碎石和石板后，我尝试将其与其他使用石头的场景"关联"起来。石头可以压住物体，石头可以缓减土壤水分蒸发，石头还可以起到缓冲作用，石头缝隙可以吸收噪声……通过关联石头的相似作用，进而推测铁轨下方石头的作用，然后

笔记区

笔记区

再进一步缩小范围,更进一步展开探究。至于到底是什么作用,我也不太明确,但至少在发现问题上有了思路和想法。

"注意—关联"这个方法让我发现了很多藏在身边的问题,比如:为什么包好的火龙果饺子和蒸完的、煮完的饺子颜色不一样?如图1-4所示。

图 1-4

拉杆箱的拉杆按钮是如何调节拉杆高低的?拉杆箱密码锁的原理是什么?三角梅的花色为什么会随时间变化?如图1-5~图1-7所示。

图 1-5

图 1-6　　　　　　图 1-7

"注意"身边的现象,让自己对现象进行更细致的观察与思考,之后再去"关联"与现象相关的要素,联想与之相似的使用场景,可以用如图1-8所示的气泡图(Bubble Map)构建思考，这样就很容易诞生好玩的探究问题。

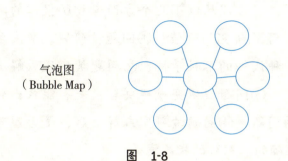

气泡图
（Bubble Map）

图 1-8

第二节 确认问题的价值及可行性

> 笔记区

情境导入 >>>

小西同学计划做一次小课题研究，他结合自己从生活中的观察，想到了这样一个问题：家用净水器的使用和过滤效果如何？并且他暂时拟出了一个课题名称"关于家用净水器的使用、过滤效果的调查与实验"。你认为这个问题有继续开展的必要吗？

你的做法 >>>

讲一讲你的看法，并说一说原因或理由。

笔记区

知识链接

★ 问题的价值

可以从以下几个方面考量所提出的问题是否有开展研究的价值：①问题被研究或解决后，是否能证实从前某种认知的不科学性；②问题被研究或解决后，是否能提高效率；③问题被研究或解决后，是否能找出普遍存在而未被关注的问题；④问题被研究或解决后，是否能对人的生活或工作有正确的、积极的指导意义。

★ 问题的可行性

它是指问题研究和解决过程中，从人员、环境条件、安全、难度、资金等方面，都能够开展推进，不存在危险环境、危险操作，不涉及违规违法行为，能够独立或者在多人共同协作下完成。

考量问题的价值和可行性，可以通过查阅文献信息、专利信息、市场状况等方式进行。这里主要介绍文献信息的查阅和专利信息的查阅。但不管是哪种查询方式，都需要从自己想要研究的问题中，提取出几个关键词，以便快速、精准检索。

★ 检索文献信息——知网查询

通过检索文献信息，可以知道所提出的问题是否被系统研究过以及研究的深度如何。

中国知网（www.cnki.net），简称知网。在知网中提供了多种信息检索方式。如图1-9所示，可以根据需要做相应选择，输入自己想要查阅的内容的关键词，就可以看到与之相关的研究文献。图中的"关键词"是指文献中的关键词，不是自己从问题中提取的关键词。

图 1-9

高级检索方式，如图1-10所示，能设置更精准的检索条件，更准确地契合到用户需要，在检索前就做出一些筛选，从而更高效地找到与之相关的研究文献。

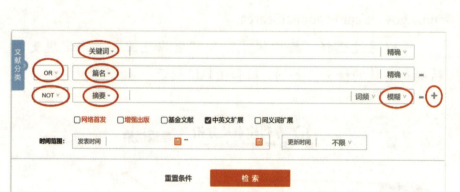

图 1-10

一般检索出的内容可以查看到标题、作者、内容摘要等信息，如果需要全文阅读或下载阅读，需要注册、缴费。有时文档以CAJ格式存储，还需要在电脑上下载和安装CAJ插件，才能阅读这类文档。

在阅读文献的过程中，除了能够看出自己计划研究的主题是否有价值，还可以通过归纳和分析这些文献，创新出自己的研究内容或研究角度。

★ 检索专利信息——专利查询

专利指专有的权利和利益，一般是由政府机关或者代表若干国家的区域性组织根据申请而颁发的一种文件。这种文件记载了发明创造的内容，并且在一定时期内产生这样一种法律状态，即获得专利的发明创造在一般情况下他人只有经专利权人许可才能予以实施。在我国，专利分为发明专利、实用新型专利和外观设计专利三种类型。

自己想要研究的问题是否已经有专利，可以通过网站查询的方式得知。一般能够查到相关专利的，就不适合开展研究，或研究的角度不能与之类似。

笔记区

以下两个网站,可以实现专利的快速检索,均需要注册后使用。

(1) 国家知识产权局。登录:https://pss-system.cponline.cnipa.gov.cn/conventionalSearch

可以通过选择"检索模式"和"数据范围",来实现更加精确和高效的检索。如图1-11和图1-12所示。

图 1-11

图 1-12

(2) 专利之星:登录http://cprs.patentstar.com.cn/Search/Index。

专利之星检索系统有智能检索和分类检索,如图1-13和图1-14所示。

图 1-13

图 1-14

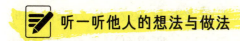 听一听他人的想法与做法

1. 亮亮的想法（四年制初一）

我会提取出"净水器的使用、过滤效果、调查、实验"这四个关键词，将这四个关键词一起输入到知网的搜索栏。如果有相关内容，说明这个问题的研究与之有高度重合，问题没有研究价值了，就不再研究了。

如果没有相关内容，就用"净水器的使用、过滤效果"这两个关键词再检索；如果有相关内容，再查看它们的内容是否进行了调查或者实验，来确定是否有研究价值和是否可行。

2. 佳佳的做法（四年制初二）

我会提取出"净水器的使用、过滤效果"这两个关键词，在知网首页，使用主题搜索，查看所有的文献标题。如果有"调查、实验"的字样，就说明用我设想的方法研究这个问题的文献已经很多了，问题的价值很小。

笔记区

我会再看一看这些文献都做了哪些研究，以"净水器的使用、过滤效果"为核心，再想一个和他们不同的角度或者方法来做这个课题研究。

3. 龙龙的做法（高一）

我会先进入专利查询网站，查询带有"净水器的使用、过滤效果"关键词的相关专利，如果已有相关专利，说明这方面的研究已经比较成熟了，问题研究的价值不大。

如果没有，再去知网详细查阅关于净水器的过滤效果、使用方式的文献，分析文献的调查过程和实验方法，找出不同的研究方法，来确定我的研究方案，让我的研究有价值、可执行。

4. 教师的想法

有专利的内容不适合我们再开展研究，但是要仔细分析专利的详细内容。如果专利是关于净水器滤芯或过滤效果的，那么研究可以从净水器的使用角度开展。所以可以先查询专利情况再做决定。

在没有相关专利的情况下，"净水器的使用、过滤效果"这两个关键词能更大范围地找到相关文献，从文献的题目中就可以看到大家研究的要点是净水器的哪方面问题，是过滤的效果还是滤芯的设计。从而找到自己有独特创意的、可以开展研究的问题。

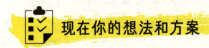 现在你的想法和方案

围绕该情境，你会提取出哪些关键词进行检索来确定这个问题的价值？

确认这个情境中的问题的价值和可行性，把你的具体想法或做法写在下面。

笔记区

 教师讲坛

三招解决选题困难

北京育英科技课程研究小组　李豆豆

我们的生活中经常会出现各种各样的问题，有些是你感兴趣的，有些是让你困惑的，有些是你想去深入了解的。这些问题都可以作为你研究的主题，但是从"研究主题"到"研究课题"，我们还需要经历三个步骤"发散""选择""聚焦"。

1. 头脑风暴，发散思维

我们开展头脑风暴，如图1-15所示。

1	2	3
发散思考需要借助头脑风暴法，你可以运用思维导图来激发你的思考，制作流程是：把你的问题定为中心主题，再分成多个次级问题，与中心直接连接，然后更多的子问题可以以分支的形式向四周发散，依次类推。	中心问题/主题会引发很多关联问题，运用思维导图时，先依附于主题向四周发散，不论多么无厘头，都可以记录下来，说不定这些内容可能是我们需要的突破口。	观察我们头脑风暴后的次级问题，哪些是可以归为一类的，每一个类别都要明确分类标准。不同类别的问题可以用不同颜色标注。

图 1-15

> 笔记区

2. 缩小范围，精心选择

在自己感兴趣的前提下，判断你想选择的研究角度的可行性如何。好的选题应该是"可行的""有意义的""科学的"。

"可行的"是指根据自己的能力可以逐步推进，课题不需要特别高大上或者脱离自己的生活。我们可以利用现有的资源来分析、解决问题。

"有意义的"是指研究的问题是可以帮助我们解决问题或者解答疑惑，甚至研究结果可以帮助到更多人。意义性与研究目的有关，要体现你做这个研究的价值。

"科学的"是指我们在研究的过程中要遵循科学的思路，用证据支持观点。不管是探究、问卷调查还是访谈或者其他，你所收集的信息都用于证实或证伪你的假设。

3. 聚焦问题，明确类型

问题类型不一样，研究方法就不一样，最终的研究结果也不一样。我们一般把常见的问题分为三种类型：探究型问题、调查型问题、技术解决型问题。

探究型问题：它是对现象的挖掘，寻找现象背后的原因，这类问题具有强烈的因果关系，也最能找到客观的证据，我们戏称"铁证"，只不过由证据推导的研究结果一定是可检验的。

调查型问题：它是对研究现象的初步了解和描述，强调公众对此现象的看法、观点或者描述问题的现状。这类问题的研究结果可能会带有部分主观性，这取决于你的调查人群或调查问题的设置。

技术解决型问题：此类问题依赖科学探究的基础性工作，具有跨学科解决问题的特点，研究成果一般都是可以解决问题的产品、工具或模型。

虽然三种研究类型看起来研究的内容和方法不相同，但是它们不是孤立存在的。有些课题可能需要设计含有多种研究方法的方案，如何应用取决于你的研究问题和你想研究到什么程度。

小结：图1-16将这三个步骤进行了直观的解释。

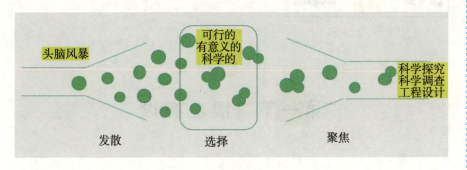

图 1-16

笔记区

第 2 章　从问题到课题

第一节　提出假设

情境导入 >>>

六年级的轩轩听到妈妈说她用办公室南北两侧饮水机中的水泡黑枸杞喝时，泡出的枸杞水颜色不同，有时是绿色，有时是紫色，有时还呈现蓝色。同样的黑枸杞，都是泡水，为什么泡出的水颜色不一样呢？出于好奇，轩轩上网查询资料，想一探究竟？

你的做法 >>>

如果你是轩轩，你会如何一探究竟呢？讲一讲你的看法，并说一说原因或理由。

知识链接

★ 科学假设的条件

猜想与假设是科学探究的"灵魂"，我们只有做出合理的猜想与假设，才能进行下一步的科学探究实验。

假设具有客观性、预测性、推断性、指向性、可验证性，是科学研究中重要的方法。一个合理的科学假设必须符合下列条件：①它必须以一定的事实材料和科学理论为依据；②它必须解释和说明已知的有关现象和事实，不能和任何确凿可靠的事实相矛盾；③它本身不能有任何自相矛盾或无法自圆其说的地方；④它必须能够预言新的现象或事件，这些预言能用实证的方法进行检验。依据上述条件，我们可以做出科学的假设，之后就可以验证假设的正确性了。

★ 提出假设的技巧

提出假设有一些小技巧：①从具体的实例出发，逐渐推广到一般性的结论，即研究者可以通过对相关现象的观察和总结，推断出一般规律性，然后提出研究假设；②从一般性的假设出发，推导出具体的结论，即研究者可以通过理论推导或逻辑推理，从已有理论出发，提出研究假设；③从实践方面考虑假设，主要是通过实践经验、案例分析和观察研究等方法，得出相关结论和规律，提出研究假设。

笔记区

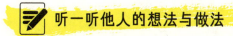 听一听他人的想法与做法

1. 昊昊的想法（四年制初一）

我认为黑枸杞水中的颜色是把它的花青素泡了出来，黑枸杞的数量、水的温度和水的质量都可能会影响黑枸杞水的颜色。

2. 霄霄的想法（四年制初二）

我做过类似的实验：紫甘蓝水遇白醋（酸性）溶液和遇苏打水（碱性）溶液会呈现不同的颜色。我觉得溶液的酸碱性可能会影响黑枸杞水的颜色。

3. 铭铭的想法（高一）

我们学习了溶液酸碱度的表示方法，我觉得水的pH值不

笔记区

同,可能会影响黑枸杞水的颜色。

4. 教师的想法

以上同学的想法就是我们在科学探究实验中必不可少的环节——猜想与假设。同学们依据自己的已有经验,实践经验以及学习的理论知识,运用类比的思维方式,对同样是水,但是泡出的黑枸杞水的颜色不同做出了合理的假设。有了假设,我们就有了探究的目标,同学们可以查阅资料:水的质量是什么?水的硬度指什么?溶液的酸碱性是什么?酸碱度、酸碱指示剂和pH值的含义等相关知识,然后通过实验证明你的猜想。

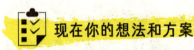

围绕该情境,你想探究的主题有哪些?

把你的具体想法或做法写在下面。

假设不是乱猜,找对方法是关键

北京育英科技课程研究小组　李豆豆

在科学探究中,提出假设是至关重要的环节,假设是实验的依据,是调查的抓手,是开展实践的基础。科学课上,老师经常会引导同学们提出假设，但往往由于已经提前划定了范围，同学们在提出假设上毫不费力。但在遇到真实的、个性化的问题时，你还会提出合理假设吗？经过大量的实践探索，豆豆老师积累了三种方法，亲测有效，快来学习！

1. 类比——寻找相似点

同学们在逛校园时，发现了一个奇怪的现象：为什么玉兰、连翘、桃树（图2-1）等植物是先开花后长叶，而有些植物却是先叶后花或者花叶同出？同学们的观察很仔细，观察对象由一个扩展到多个，并能发现它们的共同点。那么这种问题如何探究呢？我们从提出假设开始说起。

玉兰　　　　　　连翘　　　　　　桃树

图 2-1

像同学们提到的这些问题，一般具有这样的特征：研究对象有多个，且它们之间有相似性。像这样的问题我们可以称之为"寻找一般规律"的问题。再进一步拓展，我们发现早春有好多开花植物都是先花后叶，那么这一现象背后是否有共性的原因，我们可以从寻找相似性出发提出假设，开展探究。

针对这一类问题提出假设的常用方法是类比法，类比是由多个对象的某些相同或相似的性质，推断它们在其他性质上也有可能相同或相似的一种推理形式。我们可以观察一下这些植物在形态结构、生存需要、适应环境的特点上是否有相似性，这些相似性就是我们提出假设的依据。

笔记区

笔记区

2. 对比——确定变量，缩小范围

有的同学在综合科学课上进行了科学观察，并在观察后提出了"为什么假山上的蜡梅（图2-2）只有靠南面的开花？"这个问题也很好，发现了事物之间的不同。那么这种问题如何提出假设呢？

图 2-2

这个问题的潜台词是：为什么南面的蜡梅开花了，北面的没开花。所处方向的不同蜡梅的开花情况不同，那么南面和北面什么不相同呢？我们可以通过对比南北地理环境因素的不同提出假设。同学们在课堂上积极猜想，调动已经学过的知识提出假设。

★ 假设一：南北光照时间不同

在"地球的运动"那一单元我们知道地球自西向东自转，且北京在北回归线以北，所以南面属于阳面，光照充足，而北面属于阴面，光照少。南北光照不同导致温度不同，所以开花情况不同。

★ 假设二：南北土壤湿度不同

也有同学提到，蜡梅园的南北土壤湿度不一样，继而影响开花情况。围绕植物生长所需的环境因素展开对比，找出可能影响开花的因素即假设的依据。

像这种由于某种原因产生异常现象的问题我们可称之为

"寻找因果关系"的问题。可以是一种原因导致一种结果,也可以是多种原因导致一种结果,但因和果之间有强关联性。为了缩小原因的范围,我们可以对比实验组与正常组的区别,从不同中提出假设。

3. 联想—迁移

还有学生在观察火鸡(图2-3)时也提出了一个好玩的问题:为什么越逗火鸡,火鸡的脖子越红?换句话说,火鸡在受到刺激时,脖子为什么会变红?那么,这样的问题我们怎么提出假设呢?

图 2-3

★ **联想:人受到刺激时体内的激素升高**

有同学想到自己在受到刺激或惊吓时,体内的肾上腺素会飙升,会出现脸红、起鸡皮疙瘩、汗毛竖起等应激反应,火鸡是否也有类似反应呢?

★ **迁移:将人的应激反应迁移到火鸡上**

人有这样的应激反应,火鸡是否也会由于体内的某种激素升高而导致脖子变红呢?我们可以以火鸡的身体激素作为切入点进行研究。

联想—迁移也是提出假设的方法,联想需要运用我们已知的经验、知识或技能。我们联想的可能是由某种物品的用途进而

笔记区

推测"未知"物品可能的作用；由某种作用机制进而推测"未知"结构与功能的关系；由某种状态进而推测"未知"的可能状态。

第二节 表达自己的课题

情境导入 >>>

六年级的轩轩特别爱思考，他总能提出很多问题。比如：①水在煮沸前，为什么会有很多小气泡？②冬天的时候，戴眼镜的同学进入室内，镜片总是有一层白雾，原因是什么呢？③洗涤灵为什么可以去除油污？④妈妈用办公室南北两侧饮水机中的水泡出的枸杞水颜色为什么不同呢？……

你的做法 >>>

轩轩有很多思考，如何用简洁的话来表达轩轩的思考呢？你尝试用一句简洁的话来表达一下轩轩的想法，这就是为轩轩设计课题的过程。说一下原因或理由。

 知识链接

★ 如何判断问题能否成为课题

问题是课题的起点，解决问题是课题研究的最终目的。判断问题能否成为课题主要有以下几个方法：

①问题必须是真问题，是在实践中客观存在的、与事实相符合的，能够解释事物之间一定矛盾关系的问题。而且要看所选问题是不是属于社会调查类、自然科学领域、发明创造等，若是则具备成为课题的第一步。

②通过查阅文献、专利、网络资料等，看看是否问题已经解决，或者小发明已经有专利了。如果已解决或已有专利，则不能成为课题。

③如果问题经过初步判断，可以成为课题，然后再看问题研究的范围、研究的任务是否集中，是否具有普遍意义，是否具有研究和解决的价值。如果有，则可以形成课题或论文题目。

④对于中学生而言，已经解决的问题也可以继续研究，可以在原有的基础上进行再探究，再创新。

★ 表达课题的方法和技巧

找准了课题拟研究和解决的问题，还需要明确问题的范围和目标，采用恰当的方式来表达问题，才能将问题转化为课题。表达课题的主要方法如下：

①聚焦问题：通过限定研究范围或对象、研究内容、研究方法或研究类型等方式来聚焦问题，划定问题的范围、对象和内容。

②明确目标：解决问题的目标不一样，课题研究内容和侧重点就不一样。所以，要明确解决问题的目标，用目标来指引课题研究。

③表述课题：采用课题标题的方式表达问题。即研究者可采用陈述句式表达问题，这有利于实现问题解决得全面化、细化和深化。在课题标题中表达问题，如："关于'洗涤用的爆炸盐真的会爆炸吗？'的科学研究"可以明确课题拟解决的问题、问题的范围和对象、解决问题的手段、解决问题的目的等与问题密切相关的信息，看出问题与课题的关系。这样问题就转化为了课题。

笔记区

笔记区

听一听他人的想法与做法

1. 昊昊的想法（四年制初一）

我认为问题①"水在煮沸前，为什么会有很多小气泡？"②"冬天的时候，戴眼镜的同学进入室内，镜片总是有一层白雾，原因是什么呢？"太过简单，生活中经常会遇到这些情况，问题③"洗涤灵为什么可以去除油污？"在网上可以查阅到答案，或看成分也可以知道；我觉得问题④"妈妈用办公室南北两侧饮水机中的水泡出的枸杞水颜色为什么不同呢？"可以成为课题。我认为一个问题能成为课题要有一定的研究价值，而且是安全的，是在自己的能力范围内可以完成的。

2. 霄霄的想法（四年制初二）

我认为问题①"水在煮沸前，为什么会有很多小气泡？"②"冬天的时候，戴眼镜的同学进入室内，镜片总是有一层白雾，原因是什么呢？"都属于物理现象，研究的次数已经很多了，重复研究没有意义。问题③"洗涤灵为什么可以去除油污？"是生活中非常普遍的现象，没有太多研究价值。问题④"妈妈用办公室南北两侧饮水机中的水泡出的枸杞水颜色为什么不同呢？"可以作为课题进行研究。一个问题能成为课题需要问题独特且与学科知识有关，具有研究价值。

3. 铭铭的想法（高一）

我认为问题①"水在煮沸前，为什么会有很多小气泡？"②"冬天的时候，戴眼镜的同学进入室内，镜片总是有一层白雾，原因是什么呢？"都属于物理现象，研究的次数已经很多了，重复研究没有意义。问题③"洗涤灵为什么可以去除油污？"涉及理论性的物理和化学知识，其中并没有可探究的变量因素，且大多已有准确的理论解释。要想一个问题能成为课题，研究的问题要有创新性，具有可探究性，有探究的普遍意义。

4. 教师的想法

上述三位同学都通过查阅资料或者习得的知识判断出轩轩提出的前三个问题不具有研究的价值，所以不能作为研究课题。第四个问题，研究对象、研究范围、研究目标明确，属于自然科学范畴，因此可以作为研究课题。我们要将问题转化为课题，则需要聚焦问题，利用课题标题将问题的相关方面，诸如问题背景、问题范围和对象、解决问题的目标、解决问题的方法措施等信息在课题标题中尽可能地表达清楚，这样我们就可以将问题转化为课题。

笔记区

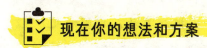
现在你的想法和方案

围绕你生活和学习中遇到的问题，你想表达的课题有什么？

把你的具体想法或做法写在下面。

笔记区

课题名称怎么定

北京育英科技课程研究小组　李玮琳

一年级的妞妞和妈妈一起商量要做一项科学研究。

妞妞："妈妈，科学老师带着我们种了大蒜，还填了记录表，我想在家里再种一些其他东西。"

妈妈："好呀，咱们家有红薯可以种呀！"

妞妞："那我们还是像科学课一样把红薯放在水里种吧！"

妈妈："好呀，那你告诉我你需要几个红薯呢？"妈妈提议可以种在矿泉水瓶子里。

妞妞："让我想想啊……老师说，植物的生长需要水和阳光，那我把红薯种在咱家阳台吧，和咱家的其他花放在一起。"

妈妈："好啊，那如果没有阳光会怎样呢？"

妞妞："不知道啊！要不咱们在没有阳光的地方也种红薯吧！让我想想啊，小书房没有阳光，太阳晒不到，我们在那里也种吧。"

妈妈："好啊，我们还可以建造一个全黑的空间。那你能数一数我们需要种几个红薯吗？"

妞妞："……3个，阳台1个，小书房1个，全黑的空间1个。"

妈妈："建议至少用6个，每个情景下用2个。"

依据以上妞妞和妈妈的对话，我们可以给妞妞的研究课题设计一个课题名称"光照对水培红薯生长影响情况的观察"。

研究课题名称的设计需要注意下面几个方面。

1. 课题名称的确定过程是个复杂的思维过程

课题来源通常是一个复杂问题，有时候我们会直接将这个问题变成课题名称，例如"光照如何影响水培红薯的生长研究"。那么这个从疑问句到陈述句的过程是什么思维过程呢？

第一步：明确研究内容。这里要明确研究对象、研究变量、研究目标、研究方法等，甚至还要明确你的研究流程。在这里，指导教师可以鼓励学生用写的方式把思考呈现出来，通过师生的讨论，将学生的思考路线拉长，引导学生往前想、往深入想。

第二步：确定研究类型。按照北京市中小学生金鹏科技论坛的参赛项目分类，有对自然现象的观察与实验探究类项目、对社会问题的调研与建议类项目，以及对技术的改进及创造发明类项目。那么根据分类我们可以在课题名称中有所体现，例如观察与实验探究类的，可以在课题名称中体现观察、探究、研究、实验等字眼；社会问题调研与建议类的，可以在课题名称中出现调查、调研、研究建议等字眼；发明创造类，可以在课题名称中出现设计、创造、制作等字眼。

第三步：组建课题名称。课题名称实际是研究内容和研究方法组合在一起的一句话，这句话要高度概括，指导教师可以用书写的方式让学生把课题名称写下来，然后再修改表达方式。

由此可见课题名称的产生过程是一个从具体到抽象的过程，是学生抽象思维的训练过程，这个过程是对学生逻辑思维和知识整合能力的训练。

2. 课题名称常见问题点评

（1）课题名称"关于城市垃圾分类的设想与调查"。

这里有个逻辑问题，一定是先利用调查研究知道基本情况之后才能够设想。另外城市是一个很大的概念，根据研究者的能力范围，可以选择研究者所在城市中的一部分地区作为调查

笔记区

📝 笔记区

范围。最后就是有关垃圾分类的思考，垃圾分类是一种分类方法，垃圾分类与城市挂钩后能够产生的研究内容可以是什么呢？比如市民对垃圾分类知识掌握的程度的看法，市民对城市垃圾分类设施的便利程度的看法，还是市民对垃圾分类的宣传教育模式的看法……可以很多，这里需要描述清楚。

（2）课题名称"关于学生睡眠质量改善的调查"。

这里有一个关于社会调查类课题名称设计时需要注意的问题，社会调查类的课题名称在设计的时候需要明确调查对象、调查内容和调查方法。

社会调查包含问卷调查、访谈调查、实地调查等，如果你的课题研究选择了多种方法，那么在课题名称中应该选择大概念词汇来表达。

调查对象应该与正文中调查数据的提供对象相吻合，调查对象应该是在符合研究内容的前提下严格按照抽样规则选择的，例如"海淀区××学校高一学生"。

3. 关于课题名称设计的一个指导建议

确定好研究内容后最好先确定一个课题名称，在研究过程中如果研究内容和方法出现了变化要及时和老师一起修改课题名称。任何变更都要及时进行记录，养成记录研究日志的习惯。

制订研究方案

研究方案是向他人说明研究课题的研究计划的文稿，研究方案中应介绍课题的选题原因、研究目的和内容、研究意义、研究方法、研究流程和计划、研究成果和困难预期，如图3-1所示。在前面的学习中已经明确了"问题是什么"，制订研究方案的过程就是思考清楚"用什么方法解决问题"和"解决问题的步骤是什么"。这些方法可以是文献查阅、观察法、调查法、实验法、发明法等。在本章内容中你需要学习科学研究方法后合理进行选择并制订研究计划。

📝 笔记区

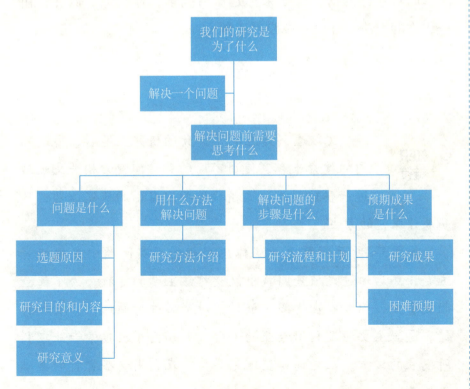

图 3-1

第一节 文献查阅

情境导入 >>>

六年级的薇薇同学在水培植物的过程中发现有的植物会发黄或生长缓慢，特别是水培蔬菜，如果没有勤换水，还会出现烂根的情况，晒太阳多了叶子还容易变黄。到底怎样才能让水培植物长得更快，培植更容易呢？她想探究怎样能让水培植物生长得更好。

你的做法 >>>

面对这样的情况，如果你是薇薇同学，你会怎么做呢？讲一讲你的看法，并说一说原因或理由。

知识链接

文献查阅是在有了大致的研究主题后，通过不同的搜索平台，使用不同的关键词搜索相关文献后进行整理筛选，更精确地确定自己的研究课题，从而展开探究的方法。

如图3-2所示，首先是从你感兴趣的现实问题中发现研究主题，然后通过文献查阅找出能支撑该主题的资料。为了让查阅更有效，你可以在查阅文献时，对资料进行筛选、分类和存储。这里主要涉及利用专业的平台，如知网等，搜索专业期刊所发表的文章。在查询和整理完毕后，在利用这些资料的基础上展开探究，建立和呈现论证方案。

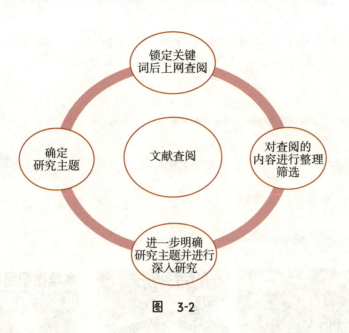

图 3-2

 案例分析

六年级的丁一同学在水培植物的过程中发现有的植物叶子会变黄或生长缓慢，特别是水培蔬菜，需要勤换水，讲究生长周期。怎样能让水培蔬菜生长得更好？他想就这一问题展开探究。

丁一首先在网上输入"水培蔬菜"这一关键词进行查阅，如图3-3所示，出现了很多的内容，这时他根据文章的出处进行了筛选，阅读了相关内容。

图 3-3

笔记区

笔记区

在此基础上，他还观看了哔哩哔哩App中的一段水培蔬菜培养视频，如图3-4所示。

图 3-4

在阅读了一些文章后，他想重点看看水培营养液对水培蔬菜的影响。于是，他调整了搜索关键词，输入"水培蔬菜营养液"在知网上进行查询，如图3-5所示。

图 3-5

在搜索了知网后，他重点阅读了其中更为专业的文章，如中国农业大学的学报或是与农业技术相关的期刊发表的论文。在对这些论文进行阅读整理的过程中，丁一也阅读了自己手边的人教版《生物学·七年级上册》，也在当当网上搜索了最新出版的水培蔬菜相关书籍，如《蔬菜无土栽培实用技术》，阅读了其目录后整理了一些相关内容。

笔记区

在经过以上的文献查阅后，丁一想进一步确定自己的研究课题。他列出了一个交流大纲，对自己已经研究的问题进行了梳理，如"我为什么选择探究这个主题？""关于这个主题我查阅了哪些资料？""依据查阅的资料我得出了哪些结论？""结合这些结论我准备如何推进自己的主题探究？"。他在老师和同学那里听取更多的意见，也在交流的过程中更加明晰自己的思考。

通过探讨，丁一发现自己查询的相关文献，更多的是整体概述家庭简易水培蔬菜技术或是家庭阳台水培蔬菜技术，或单独研究某一蔬菜水培技术，如生菜或黄瓜。而较少研究水培蔬菜营养液的配方，北京地区的水培蔬菜的相关资料也较少。结合自己可以操作的环境，丁一确定了自己的研究课题为"关于北京地区家庭阳台区域水培蔬菜营养液配方的研究"。在这个基础上，他打算继续利用知网聚焦这一问题进行新一轮文献查询。

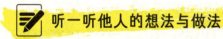
听一听他人的想法与做法

1. 薇薇的想法（四年制初一）

我在网上以"如何让水培蔬菜长得更好"为主题进行了搜索。通过筛选后发现，常规的回答是：及时更换水体、在水中添加植物生长的矿物质或是添加植物激素。这些方法哪个最为有效？周期需要多久？添加量又是多少？一些新的问题产生了。于是，我翻看生物书，查阅了相关的内容，并在网上继续就这些问题进行细化搜索。同时，依据我可以实验的环境，我选择了从及时更换水体着手来进行实践探究。如何界定"及时"这个词，是指每天更换，还是等水体发生了什么变化时再更换，我计划用实验来界定这个词的内涵。

笔记区

2. 佳佳的做法（四年制初二）

为了更有针对性地进行有关"如何让水培蔬菜长得更好"的探究，我会先上网查阅水培蔬菜的培育过程，常见的培育过程从制作水培箱开始，而后需要配营养液、定植基质等。由于家中已经有了水培箱和蔬菜，因此，我选择从配营养液入手。我针对营养液的配置方法在网上搜集了一些文章并在哔哩哔哩APP上观看了相关视频。我发现有文章研究认为可以将含钙和含铁的盐类溶解于水配制成营养液，也有人认为雨水或淘米水都有利于水培蔬菜生长。到底哪种方法更好？我准备对这一问题展开论证，并准备在论证后写出自己的研究报告。

3. 龙龙的做法（高一）

我先上网初步了解水培蔬菜的种植流程以及生长所需的一般条件。然后在知网上搜索家庭水培蔬菜的相关论文，并在当当网上查找一下最新出版的相关书籍。通过文献检索，我发现常见的有关家庭水培蔬菜的研究都是整体概述家庭简易水培蔬菜技术或是家庭阳台水培蔬菜技术，也有人单独研究生菜或黄瓜的水培技术。其中，有关水培营养液的配方的研究很少，且多是具体到某一地区的研究，比如内蒙古地区的水培营养液。在综合以上研究后，我发现我可以操作且未见有人研究的是进行有关北京地区家庭阳台中水培蔬菜营养液的配置方法、配置比例的研究。在结合所搜集资料的基础上，我会针对这个问题进行相关实验并形成实验报告。

4. 教师的想法

以上同学都是根据自己的问题进行相关资料搜索并进行比较后才开始自己的探究。在文献查阅的过程中，他们都依据各自的实际情况进行了主题的确定、资料的搜索和筛选，并最终确定自己的研究题目。

有关薇薇的主题"如何让水培蔬菜长得更好"，我们可以从植物的生长环境、生长过程等不同的角度做探究。最终对已确定的课题进行知识性的梳理，从而让自己更清楚自己的研究课题。具体来说，就是根据自己的研究兴趣界定研究主题，然后将其具体化并形成框架，在文献整理的基础上发现观点从而进行研究论证。

此外，也可以在综合以往研究的基础上继续发现问题，进一步探究论证，通过对已有的研究进行综合评价，提出进一步的研究设想并最终获得新的发现和结论。

笔记区

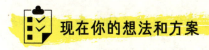现在你的想法和方案

围绕该情境，你想探究的主题有哪些？

围绕该主题，你进行文献查阅的关键词是什么？

查阅关键词后你最终确定的研究方向是什么？这个方向确定的经过是什么？

笔记区

 教师讲坛

文献查阅怎么做

北京育英科技课程研究小组　赵运华

在日常探究过程当中，我们会发现非常多的问题。绝大部分问题都需要我们进行文献查询。如何更有技巧地进行文献查阅呢？我们以薇薇同学的研究课题为例进行说明。薇薇在水培蔬菜的过程中发现有的蔬菜叶子会变黄或生长缓慢，特别是水培蔬菜需要勤换水，讲究生长周期，这样她就发现了自己的第一个问题：怎样能让水培蔬菜成长得更好呢？带着这个问题薇薇同学开始上网搜索。

提到上网搜索，同学们可以选择的搜索途径有很多。面对海量的信息，我们如何来进行更好地筛选？这里就需要进行关键词的确定以及科学研究方法的指导。

我们可以依据以下步骤来进行：首先就是关键词的确定。关键词一般情况可以从你明确的课题名称中选择，例如"关于北京地区家庭阳台区域水培蔬菜营养液配方的研究"这个课题，就可以选择水培植物、水培蔬菜、水培植物营养液配方、水培植物营养液配置方法、家庭阳台种植水培植物方法、北京地区家庭阳台水培植物种植方法等。

在明确关键词后，我们可以在各种搜索引擎中进行内容的筛选。在文章筛选的过程中，我们需要注重科学研究，从更专业的期刊中锁定所需的文章。我们还可以观看哔哩哔哩APP中的一些专业视频。

在文章确定之后，将文章进行归类整理，以方便后续的阅读。除了常见的搜索引擎，我们还可以使用更专业的知网平台

进行搜索。在知网上，无论你输入什么样的关键词可能都会有所发现。这时大家可以在锁定自己的内容之后，向老师或者家长求助。除了上网搜索以外，我们还可以进行相关的书籍查阅。薇薇的课题可以查阅人教版《生物学·七年级上册》的相关知识。除此以外，还可以从图书购买网站如当当网、京东网等进行相关主题词的搜索，从而找到最新的一些研究成果。在阅读它们的简介之后，如果发现内容非常好，可以购买电子图书或者纸质书。

在进行文献查阅后，我们可以和老师、家长以及同伴交流。为了让交流更具效率，可以在交流前列出交流大纲。在交流大纲中可以列出一些问题，如向同学和老师分享为什么选择探究这个主题？关于这个主题我查阅了哪些资料？依据我已经查阅的资料，我又能得到哪些结论？结合这些结论，我准备如何推荐自己的主题探究？

大家能够看到，交流大纲能够把自己先前查阅的内容进行梳理和输出，而在此基础上和老师、家长和同伴的交流，可以进一步确定自己的课题。

还是以丁一同学的研究课题为例，通过阅读她可以看到常见的研究有哪些？较少的研究有哪些？再结合自身的条件，有哪些可以操作且未见的研究，从而他把之前关于"水培蔬菜如何更好地成长"这一个主题更精确地确定为"关于北京地区家庭阳台区域水培蔬菜营养液配方的研究"。而带着这个更为精确的课题，丁一可以再次进行更为细致的检索和实验，从而能够将自己的研究继续下去。

笔记区

笔记区

第二节 观察法

情境导入 >>>

六年级的洋洋听到妈妈说家里的鲜花开放的时间不够长，于是他上网查了一下发现，除了购买保鲜剂外，在水中加入糖、维生素C和阿司匹林都能延长鲜花的保鲜期，但不确定如何做能让保鲜效果更好。洋洋就想着自己来亲自验证一下。

你的做法 >>>

面对这样的情况，如果你是洋洋同学，你会怎么做呢？讲一讲你的看法，并说一说原因或理由。

知识链接

日常生活中我们经常使用观察法。在一定的目的和计划下，无论你是用自己的眼睛、鼻子等感官，还是借助一些仪器工具，如放大镜、显微镜、照相机、摄像机等，最后达成对事实的感知和描述，并有所发现，形成结论，这些都是对观察法的使用。

常见的观察法可以分为三种类型，直接观察和间接观察、定性观察和定量观察、地面观察和空间观察，如图3-6所示。其中直接观察

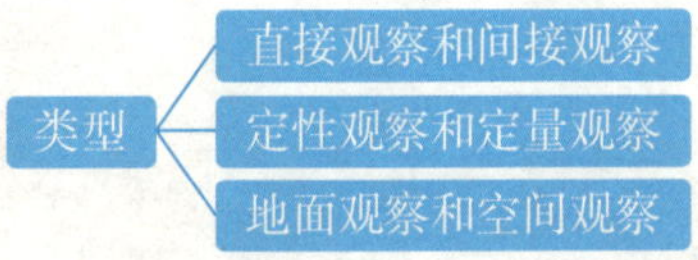

类型：
- 直接观察和间接观察
- 定性观察和定量观察
- 地面观察和空间观察

图 3-6

就是使用眼睛、鼻子等感官直接对你感兴趣的内容进行观察，间接观察则是在仪器设备的帮助下进行观察。定性观察可以帮助你了解观察对象的特质、性质。定量观察则是通过观察或测量了解观察对象量的特征。在地球表面上进行观察就是地面观察，与之相对，在宇宙空间进行了观察则是空间观察。我们以洋洋同学想要知道鲜花的保鲜为例来进行说明。洋洋直接用眼睛来观察鲜花的保鲜时间长度就是直接观察。他借助显微镜来观察鲜花的构造就是间接观察。他知道糖和阿司匹林对鲜花的保鲜有作用，但想知道到底是糖还是阿司匹林对于鲜花保鲜作用更大就是定性观察。假如他想知道阿司匹林对于鲜花保鲜到底有多长的延长期，也就是天数，则是定量观察。因为以上观察都是在地球上进行的，这就是地面观察。假如洋洋同学把花带到太空中进行观察则是空间观察。

笔记区

案例分析

我们以三年级的可可同学为例进行说明。可可想要探究鱼类身体构造对于人类游泳和潜水艇建造的启发。他在这一主题之下拟定了自己的观察目标，共分为两个：第一个观察目标是观察热带鱼在游动过程当中身体的细微动作变化、各个身体部位的配合情况，以及身体部位的变化所带来的明显状态的改变；第二个观察目标是观察草鱼在游动时身体部位的变化。

在这个目标之下，可可的观察过程主要也分为两个部分：首先是制作了一个观察表格进行肉眼的观察，比如他做了一个草鱼巡游动态观测的记录表。另外，他还选取了合适的工具，比如用尺子来对草鱼的身体进行测量。

通过以上的观察，可可进行持续的记录，形成了自己的观察结果，也就是所有草鱼的巡游动态观测记录。

通过可可的例子，我们可以知道观察法的基本的分类方法，如直接观察、间接观察、定性观察、定量观察等。同时我

笔记区

们也可以知道观察法到底适用于哪些情境，以及我们在探究什么问题时可以使用对应的观察法。在确定在什么环境下使用哪种观察法之后，我们可以制订相应的观察表格，做好观察记录，整理观察数据，最终形成自己的观察结论，从而做到对观察法的有效运用。

> **提示**
>
> 　　该方法适用于研究对象少、活动相对集中、研究周期短的课题。在有明确的目的和观察对象后，需要有一定的观察地点和观察时间表，进而在确定的记录方法和分析材料方法下进行探索。

 听一听他人的想法与做法

1. 乐乐的想法（四年制初一）

我想这样进行：准备4个花瓶和同样的鲜花，如康乃馨，1瓶全是清水，其他3瓶水中分别放入蔗糖液、维生素C和阿司匹林。依据制订好的观察表观察4个瓶中的鲜花，看谁的绽放时间更长。

乐乐同学的做法操作方便，但考察变量较少，结论的可靠性不强。

2. 佳佳的做法（四年制初二）

我会和同伴一起采用分组实验来进行观察，观察结果记录在观察量表中。

分组实验一：1瓶全是清水，不放阿司匹林，其余4个瓶子的清水里依次分别放入1片、2片、3片、4片阿司匹林。

分组实验二：1瓶全是清水，不放蔗糖液，其余4个瓶子的清水里依次分别放入1勺、2勺、3勺、4勺蔗糖液。

分组实验三：1瓶全是清水，不放维生素C，其余4个瓶子的清水里依次分别放入1片、2片、3片、4片维生素C。

佳佳的实验操作是在小组合作的基础上进行的，每位组员负责一组实验的观察和观察量表的记录，每个人的任务都很明确，各组数据放在一起进行综合分析，使结果变得比较可靠。

3. 磊磊的做法（高一）

我会在网上调查常见的鲜花保鲜剂的成分后，在花瓶中分别加入蔗糖液、维生素C和阿司匹林的混合液；蔗糖液和维生素C的混合液；蔗糖液和阿司匹林的混合液以及维生素C和阿司匹林的混合液进行对比观察。并另外选择四个带水的花瓶，第一个不加入任何溶液，第二个加入蔗糖液，第三个加入维生素C，第四个加入阿司匹林，将这四个花瓶与其他加入混合液的花瓶进行对照，最终得出结论。

观察记录表上要记录鲜花的生长状态，还要备注各种混合液的配比方案，另外对于鲜花的选择也很重要，每次实验尽可能选择同一批次的鲜花。

磊磊的实验操作需要在分析数据的基础上进行观察，数据处理也更多，但结果比较可靠。

4. 教师的想法

以上都是观察法的基本操作步骤。在观察探究的过程中需要注意以下问题：保持观察内容的一致性，保证记录数据的持续性。例如，观察的时间需保持一致，如固定在中午或放学后进行观察。观察的部位也应保持一致。比如，一直观察鲜花叶子的颜色变化或是观察鲜花根部的变化。在以上观察内容一致的情况下，需要制订观察记录表，规定好观察次数、时间、观察重点，从而使观察结果更具科学性。

观察法在探究活动中基础且常见，"法布尔观察手记"系列丛书就是其运用的典型例子。本课中洋洋想要观察鲜花保鲜，生活中食品保鲜、动植物生长以及行星运行等都可以使用

📝 笔记区

笔记区

观察法来进行探究。在环境允许的情况下，可以将观察法与其他方法相结合，从而拓展你的探索。

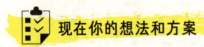

围绕该情境，你想探究的主题有哪些？说一说你的具体想法或做法。

有关使用纸吸管喝可乐的些许有趣探究

北京育英学校　吴欣珂

指导教师　张花

1. 观察目标

环保成为当前社会的一大热题，因此许多餐厅商家会选择将塑料吸管替换为纸吸管。可是当我在用纸吸管喝可乐时会发生吸管上浮、大量泡沫溢出这些不可思议的现象。面对这些现象，我便产生了探究纸吸管的想法。例如，纸吸管在其他饮品中也会产生吸管上浮、大量泡沫溢出的现象吗？把纸吸管浸透水分是否可以避免可乐（碳酸饮料）喷洒溢出？

2. 观察过程

将纸吸管同时放入相同质量的可乐、苏打水与饮用水中，一分钟后记录现象。

通过对比观察可知，可乐、苏打水中的纸吸管明显上浮且产生大量泡沫溢出，而饮用水中的纸吸管并无以上现象，如

图3-7所示。

饮用水（无现象）　　可乐（有明显现象）　　苏打水（有明显现象）

图 3-7

通过观察结果可知，纸吸管上浮且产生大量泡沫溢出的现象只在可乐、苏打水中出现。于是我查阅了相关资料，以下是可乐和苏打水中的相关成分。

> 可乐：糖、碳酸水（碳酸水是溶入了二氧化碳的水，碳酸的化学分子式是H_2CO_3）、焦糖、磷酸、咖啡因。
>
> 苏打水：苏打水属于碳酸饮料，是在经过纯化的饮用水中压入二氧化碳，并添加甜味剂和香料的饮料。

根据以上两种饮品的特点，我猜测是否是可乐中含有的碳酸水这种物质使得纸吸管在可乐中产生这种现象，于是我进行了再次观察。

将纸吸管同时放入相同质量的碳酸水与饮用水中，一分钟后记录现象。

通过观察可知，碳酸水中的纸吸管明显上浮且产生大量泡沫溢出，而饮用水中的纸吸管并无以上现象。

由此可知，碳酸水这种物质使得纸吸管在可乐、雪碧、芬达等碳酸饮料中产生这种现象。

因此我们可以得知这种现象就是由碳酸水引起的，且在碳酸

笔记区

笔记区

饮料中都会有这种现象的发生。

碳酸水是溶入了二氧化碳的水,当我们打开瓶盖时,二氧化碳会慢慢释放,所以会有气泡产生。

而干燥的纸吸管,吸走了碳酸水中的部分水分,即溶剂减少了,二氧化碳的溶解度就降低了,使得二氧化碳一下子大量释放,所以才会产生这种现象。

从碳酸饮料包装的角度分析:大多数碳酸饮料是经过高压处理,由铝罐密封的,大量的二氧化碳溶解在水中,此时碳酸饮料中的碳酸是过饱和的,因此剧烈摇晃可使二氧化碳溢出;此外,在加热、压力下降(开启铝罐)等情况下,二氧化碳在水中的溶解度下降,也会溢出。当开启铝罐,罐内压力下降,二氧化碳本就在缓慢释放,纸吸管进入可乐(碳酸饮料)后,会快速吸收水分,导致过饱和溶液中的二氧化碳大量释放,因此形成了大量泡沫溢出的现象。

从纸吸管的构造角度来分析:因为可乐(碳酸饮料)中含有大量的二氧化碳,这些二氧化碳在正常情况下处于水解平衡的状态,纸吸管的表面粗糙多孔,当纸吸管插进可乐(碳酸饮料)中,纸吸管粗糙多孔的表面就会产生很多小气泡,这些小气泡会成为二氧化碳的凝结核,使二氧化碳快速地从液体中释放出来。同时,纸吸管会吸收一部分水分,导致原本与液体达成饱和状态的二氧化碳被分解出来,从而使可乐(碳酸饮料)喷出。

根据纸吸管的构造,我猜测如果事先把纸吸管浸透水分是否可以避免可乐(碳酸饮料)喷洒溢出?为验证此猜测,我继续进行观察。

我将干燥的纸吸管和浸透水分的纸吸管同时放入相同质量的可乐中,一分钟后记录现象。

通过观察可知,干燥纸吸管在可乐中上浮且产生大量泡沫溢出的现象最为明显;浸透水分的纸吸管在可乐中产生上述现象的明显程度比干燥纸吸管在可乐中产生上述现象的明显程度低。

由此可知，事先把纸吸管浸透水分可以避免可乐（碳酸饮料）喷洒溢出。

但是纸吸管浸透水分后使用不但影响饮品口感还非常麻烦，于是我进行思考，是否可以对纸吸管的粗细或者长短进行调整来减小这种现象的发生呢？于是我觉得从以下两个方面进行对比观察。

我先将两根不同长度的纸吸管分别同时放入一样的碳酸饮料中，一分钟后记录现象，如图3-8所示。

长吸管

短吸管

图 3-8

通过观察可知，长吸管和短吸管都出现了使碳酸饮料喷洒溢出的现象。由此可知，碳酸饮料喷洒溢出的现象与纸吸管的长短无关。

那我继续思考，碳酸饮料喷洒溢出的现象与纸吸管的粗细有关吗？我将两根不同粗细的纸吸管分别同时放入一样的碳酸饮料中，一分钟后记录现象，如图3-9所示。

粗吸管

细吸管

图 3-9

笔记区

通过观察可知，细吸管有使得碳酸饮料喷洒溢出的现象，而粗吸管现象不明显，可以说是几乎没有出现使得碳酸饮料喷洒溢出的现象。

通过以上观察比较可知，如果想找到一种既不影响口感又可以避免碳酸饮料喷洒溢出的方法，可以将细吸管换为粗吸管饮用碳酸饮料。经过实验论证，推荐使用直径为6~12mm的吸管。

目前在饮品店中仍有大量使用纸吸管的情况，但是由上述实验可知，如果不对纸吸管做相关改进的话是比较影响口感的。

3. 观察结论

通过对比观察，我得到了如下结论：

（1）纸吸管上浮且产生大量泡沫溢出的现象只在可乐、雪碧、芬达等碳酸饮料中出现。

（2）碳酸水这种物质使得纸吸管在可乐、雪碧、芬达等碳酸饮料中出现上浮且产生大量泡沫溢出的现象。

（3）碳酸饮料包装使用的方法及纸吸管的构造都会促进这种现象的发生。

（4）事先把纸吸管浸透水分可以避免碳酸饮料喷洒溢出。

（5）换较粗的吸管可以有效抑制碳酸饮料喷洒溢出，推荐使用直径为6~12mm的吸管。

说明： 该成果获得"2023年北京市海淀区科技创新大赛一等奖"。

认真观察　独具慧眼

北京育英科技课程研究小组　李豆豆

★ "独具慧眼的观察"第一式——有目的的观察

在科学课的学习中，我们经常会进行观察，大家也熟知要用感觉器官和工具进行观察。但是，今天豆豆老师要告诉大家的是，这些只是观察的一小部分，要想更加科学地使用观察法，我们还需要了解更多。在科学研究中，观察是我们获取信息的重要途径，观察能够帮助我们证实或反驳假设，所以，观察要强调的第一点是：我们要进行有目的的观察。

＊首先，明确问题，什么现象引起了你的思考；

＊其次，猜测与什么因素有关，明确观察目的；

＊再次，带着观察目的，去实地观察寻找线索；

＊最后，综合观察获得的信息，分析信息，缩小范围；

＊如还需要进一步观察，则再次确定观察目的，实地观察收集信息。

11月，北京进入绝美的秋季，我们看到大自然像打翻了颜料盘，将璀璨的颜色洒在了广袤的植被上。但是当我在自家窗外欣赏这两棵银杏树时，如图3-10所示，发现了一个奇怪的现象，同一个季节，为什么这两棵银杏树还过出了"时差"？

图 3-10

首先，我们明确一下问题：为什么图3-10中右边的树比左边的树先变黄，先落叶？然后，思考一下可能的原因，我和队友是这样猜测的：是不是这两棵树品种不太一样？也可能是它们接受光照的时间不一样。或许它们的生长环境有差别？会不会其中一棵树有虫害？

接着，带着这些猜测，我们走近了这两棵银杏树展开观察，此时我们有了很明确的观察目的：①这两棵树是否属于同一品种？②这两棵树所在位置的环境有什么不同？③这两棵树上有没有虫蛀的痕迹？④同时，它们接受阳光的面积一样吗？

笔记区

> 笔记区

经过实地观察，我们发现两棵树属于同一品种，这是根据叶子和树皮来判断的，第一个猜测不成立。观察叶子的时候还有新发现，两棵树都是雌树，因为叶子中间的裂痕很浅（雄树树叶与雌树树叶对比如图3-11所示）。

图 3-11

再观察两棵树的生长环境，两棵树周边唯一不同的是，早落叶的树（以下简称"早落叶树"）旁边有一个配电室，如果有影响可能就是电磁辐射，但后来上网查询相关资料，发现这种配电室对人体无危害，至于植物还无从考证。

两棵树都没有虫害的证据，都很健康，"被虫蛀的假设"不成立。我们用一天的时间来观察，由于两棵树距离较近，所以接受光照的范围也大致相同。但是我们在观察时又有了新发现，早落叶树比较细、比较矮，晚落叶树比较粗，比较高，而且虽然都是雌树，但它们都没有结果。

这次观察获得了很多线索，排除了一些假设，而且还有了新的发现，或许这些新发现是突破问题的关键：①早落叶树比晚落叶树细、矮，由此推测早落叶树树龄较小。②两棵树都是雌树，但它们都没有受粉，没有结果。③晚落叶树整体比较繁茂，早落叶树树叶比较稀疏。

在分析线索的过程中，我们逐渐排除了错误假设，不断缩小范围，造成两棵树"时差"问题的原因好像要浮出水面了。我由此产生了另一个问题：银杏树的树龄是影响树叶变黄速度的因素吗？我在网上寻找相关的信息，有人说果树分为幼苗期、生长期、初果期、盛果期、衰老期，一般果树到盛果期时长势趋于稳定，有足够的营养物质和能量供给果实成长，所以盛果期的果子又大又多汁，但生长期的果树要把大量的营养物质供给枝干生长，所以结出的果子又小又涩。

由此我猜测，晚落叶树的枝干较粗，较早落树而言，长势趋于稳定，能够将大量营养物质供给树叶，同时树叶也能进行光合作用制造养分，可能这是它落叶晚的原因。早落叶树由于现在还需要"长身体"，大量的营养物质都给了枝干，所以树叶比较稀疏，且落叶更早。

到底对不对呢？这个新的假设还需要长时间的观察来验证。如果这条假设成立，那么明年开春时，早落叶树会先绿还是晚落叶树先绿呢？正在观察的你可以继续思考中。

至于电磁辐射的影响，还有待于用专业设备测量。

★ "独具慧眼的观察"第二式——有意识地将观察到的与已有知识联系起来

观察是我们获取信息的途径之一，但我们通过观察获取的信息有什么用呢？是不是很多人都没想过这个问题。似乎大家是为了完成老师布置的观察任务而观察。豆豆老师要大声疾呼：不要为了观察而观察！著名的儿童心理学家让·皮亚杰（Jean Piaget）爷爷曾说过：当我们通过观察，对物体产生基本的印象后，下一步就要把这些新的信息编码到你的大脑中，这个时候你就要对比"观察到的现象"与"我已经知道的事情"有什么联系和区别，有了这一步，你才能对观察对象形成更全面的认识。

比如，综合科学课上，我们讨论过的蚂蚁走路的问题，引发了很多同学的猜测，如图3-12所示。

这样？

还是那样？

图 3-12

昆虫拥有的步行足让它们能够快速移动，步行足的结构特点是外形细长，各节没有发生显著的变化，由此可以联想，人是两条腿交错运动，老虎是前后肢前赴后继运动，蚂蚁怎么支配它的腿做到快速移动呢？（这是你在将观察到的现象与已有知识建立联系）那么你再去观察蚂蚁时，你的目光会更聚焦，观察的结果也能帮助你解释疑惑。

★ "独具慧眼的观察"第三式——观察也要善用工具

第三式要说"观察除了要用感官，还要使用工具"，大家一看肯定会露出"这题我会"的表情，但豆豆老师要说的不只是这个。我们除了使用放大镜、显微镜、望远镜等观察工具拓宽视野外，还要善用记录工具养成记录的习惯，观察、记录是科学研究获得第一手证据的重要手段。

我们学校有很多昆虫爱好者，比如"昆虫王"刘开太哥哥和四年制初一年级的孙洲涵同学，他们有一个共同的习惯就是善于记录，如图3-13所示。

图 3-13

你可以像开太哥哥一样写观察日记，也可以像孙洲涵一样画简图，或者你可以开发一套符号来标记你观察的事物。在你的观察记录中，你可以写你看到的、想到的、还想进一步了解的，这些都可以驱使你走向更深入的观察。

📝 笔记区

小结

> 观察，不是走个形式，而是启发问题、推进研究、解释问题。
>
> 独具慧眼的观察要有目的的观察；有意识地将观察到的与已有知识联系起来；善用记录工具，有效观察。

第三节　实验法

情境导入 》》》

轩轩每个暑假都要回姥姥家避暑。每次回去，姥爷都要去奶牛厂给他买新鲜的牛奶喝。每次喝牛奶时，姥爷都会说："看看，这个牛奶多有营养，你们在北京喝的牛奶肯定没有这么厚的奶皮。"听了姥爷的话，轩轩想：没有厚厚奶皮的牛奶，就没有营养吗？牛奶奶皮的主要成分是什么呢？

你的做法 》》》

面对这样的情况，如果你是轩轩同学，你会怎么做呢？讲一讲你的看法，并说一说原因或理由。

笔记区

科学探究最常用的方法——实验法，何为实验法呢？它是根据一定的研究任务和目的，利用一定的实验仪器、设备等物质手段，主动干预或控制研究对象发生发展的过程，在特定的实验条件下或典型的环境中，去探索客观规律的一种研究方法。

根据不同的实验方式，实验法可以分为诸多类型，如：按照组织方式分，可以分为对比实验和单一实验；根据实验对象的不同，可分为化学实验、物理实验、生物实验等。

对比实验是实验法中最重要的实验方法，我们在做对比实验时，首先要明确实验目的，找到自变量和因变量。自变量与因变量是研究中最基本的两个变量，自变量是因，因变量是果。比如在探究牛奶奶皮成分的实验中，牛奶的品牌、牛奶的质量、牛奶的加热和冷却时间都会影响牛奶奶皮的厚度。那么牛奶的品牌、牛奶的质量、牛奶的加热和冷却时间就是自变量，牛奶奶皮的质量就是因变量。如果想研究牛奶品牌这一个自变量对牛奶奶皮厚度的影响，就需要保证牛奶的质量和牛奶的加热和冷却的时间相同，这两个变量就叫作控制变量，它们是研究过程中需要保持不变的变量。

在实验过程中，研究者找到要研究的变量，通过控制变量，设计合理的实验就可以验证假设是否正确。但在实验中尤其要注意对比实验要有对比的操作，通过对比才能得出结论。

定量实验是揭示物质精确数量的一种科学实验方法。我们在用定量实验研究问题时，一定要注意采集数据的真实性、可靠性。同时在应用实验法研究问题时要有定量的思想与认识。表3-1就是同学在应用定量实验研究问题时所做的记录，他详细记录了实验试剂的名称、用量以及实验的现象，同时该同学还拍摄了实验现象的照片（图3-14），更突出现象及数据的真实性和可靠性。

表 3-1

实验试剂名称	实验试剂用量	全脱脂牛奶	半脱脂牛奶	脱脂牛奶
双缩脲试剂A液	1毫升	浅紫色	紫色	深紫色
双缩脲试剂B液	4毫升			

图 3-14

总之，实验过程要按照实验步骤进行，遵照实验仪器的使用方法，牢记安全第一，进行规范操作；实验记录要把实验用品、实验仪器、实验现象及相关数据详细记录下来，之后根据现象经过理性思辨得出结论。

听一听他人的想法与做法

1. 兴兴的想法（四年制初一）

没有厚厚奶皮的牛奶，也是有营养的。牛奶奶皮的主要成分是蛋白质、钙和其他营养物质。为了探究奶皮中的营养物质，可以测量奶皮里的蛋白质和牛奶中蛋白质的含量，来证实奶皮是否有营养。

2. 昊昊的做法（四年制初一）

我认为可以通过对照实验探究有无奶皮的牛奶的营养高

笔记区

低。通过查阅资料或做实验找某物质与牛奶奶皮的成分发生反应，从生成物判断牛奶奶皮的主要成分。购买不同的牛奶，如全脂牛奶、脱脂牛奶等，加热煮沸冷却后，测得牛奶奶皮中主要成分有蛋白质，之后再测量其中蛋白质含量以判断有无奶皮是否影响牛奶营养的高低。

3. 铭铭的做法（高一）

将北京市市面上销售的牛奶与老家奶牛厂生产的牛奶分别加热后放凉，取出奶皮后做干燥处理，利用对比实验测定奶皮中蛋白质、葡萄糖、乳糖、脂肪等营养物质的含量（利用斐林试剂、双缩脲试剂等比较），同时可以应用显微镜观察奶皮中的营养成分。

4. 教师的想法

三位同学结合自己的生活常识、所学知识和查阅资料等方式，分别想到了应用对比实验、定量实验、生物实验等方法探究牛奶奶皮质量与不同类型牛奶的关系以及牛奶奶皮成分的问题。这些同学的研究方法具有科学性、严谨性。我们在进行探究实验的过程中经常会采用对比实验、定量实验等多角度研究问题的方法，具体实验方法的注意事项见上面的"知识链接"。关于新鲜牛奶的保存、牛奶的饮用方式等方面，你还有想探索的问题吗？

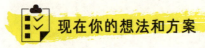 现在你的想法和方案

围绕该情境，你想探究的主题有哪些？你的具体想法或做法是什么？

探究防止土豆"黑化"的小妙招

北京育英学校　王筱卓

指导教师　张花

1. 实验目的

探究防止土豆"黑化"的小妙招。

2. 实验过程

通过查询土豆发黑背后的原因可知，导致土豆削皮后发黑有三个关键因素：多酚类物质、多酚氧化酶、氧气。其中多酚类物质是切开土豆后必然会有的物质，我们无法控制。本质上这个反应需要多酚氧化酶催化，因此这个过程需要的两个条件是酶催化以及氧气氧化，我们可以从这两个关键因素着手来预防土豆发生"酶促褐变反应"而变黑。

（1）实验材料：土豆2个、盆4个、盘子1个、水、食用白醋、保鲜膜。

（2）实验方法：通过破坏或抑制多酚氧化酶的作用、隔绝氧气的方式来防止土豆发黑。实验将分为5组进行，分别验证所采取的措施的有效性。

（3）实验过程：

①将2个土豆洗净去皮、切片，平均分成5份。1份直接放入盆中，不做任何处理。

②隔绝氧气：1份放入盆中并覆盖保鲜膜、1份放入盛有冷水的盘中。

③破坏或抑制多酚氧化酶作用：1份用热水洗后盛入盆中、1份用食用白醋拌一下再盛入盆中，并提前用pH试纸检验白醋的酸碱性，如图3-15所示。

图 3-15

④将全部实验土豆样品同时置于厨房台面上,间隔一定时间观察颜色变化情况并做好记录。

⑤实验结果记录,见表3-2。

表 3-2

实验样品	样品1 无处理	样品2 覆保鲜膜	样品3 冷水中	样品4 热水洗过	样品5 醋拌过
最初状态					
1小时后					
	微微变色	未变色	未变色	局部变色	未变色
2小时后					
	变色加重	未变色,保鲜膜内有水汽	未变色	局部变色明显	部分微微变色

（续）

实验样品	样品1 无处理	样品2 覆保鲜膜	样品3 冷水中	样品4 热水洗过	样品5 醋拌过
10小时后	变色加重	变色	未变色	局部变色加重	微微变色

3. 初步实验结论

（1）浸入冷水中的土豆可以有效隔绝空气中的氧气。

（2）被保鲜膜包裹的土豆短时间内可以有效隔绝空气中的氧气。

（3）使用热水漂洗过的土豆不能使切块表面的多酚氧化酶失去活性，反而使部分区域变色加重。

（4）经查，多酚氧化酶在pH值为6.5时活性最强，当加入食用白醋搅拌时，可以使其pH值减小，使活性降低，从而抑制酶的活性，减慢变色速度。

说明：该成果获得"2023年北京市中小学生金鹏科技论坛三等奖"。

设计实验方案，做好"研究导航"

北京育英科技课程研究小组　李豆豆

如果说"提出假设"是我们对于实验中变量之间关系的预判，那么实验方案就是我们验证这种预判的提前的规划。对于

笔记区

科学实验来说，公平的测试特别重要，科学家需要操作精确以确保每次只改变一种因素，同时保持其他所有条件相同，才可以进行公平的实验。另外，一定要有重复实验的意识，重复实验可以确保实验结果不是偶然的数据。

1. 实验方案的内容

科学实验研究方案包括研究问题、假设、变量、实验组和对照组以及常量等内容。下面简要介绍这些要素。

2. 实验方案各部分的要求

（1）研究问题。

探究的问题统摄整个研究方案，问题的表述如果是"为什么……"的句式，则表现得比较笼统，反映了我们还未确定要研究的要素是什么。因此，我们在做实验之前需要适当做背景研究，利用图书或互联网了解相关的研究成果，在此基础上建立自己的研究假设，那么问题的表述至少要包含自变量和因变量，例如，"温度对面包发酵后的口感有影响吗？""酸性环境对于绣球花的颜色有影响吗？"

（2）假设。

当确定了要解答的科学问题，并已经对问题的背景信息有所了解时，你就已经做好准备将问题改写成可以被检验的陈述句。你要通过撰写假设来实现，这是一些对所观察到的现象或事件给出的暂时的、但可检验的建议性解释。写假设的目的就是将你要检测的项目明确化，并且限定所做实验的范围。假设的目的就是将"可改变的自变量"和"对研究对象产生的影响"之间建立联系。

（3）变量。

变量有两种。一种是自变量，即可以被改变或被调控的条件，因此，自变量会决定实验组的数量。虽然有些可能不止有一个自变量，但如果一个研究项目要在短时间内完成，那么最好只有一个能容易被测试的变量。另一种是因变量，因变量是根据自变量的改变而产生变动的量，简言之，它是你要在实验中记录的"效果"。我们最好能对测量效果进行量化。

(4) 实验组。

实验组是根据自变量的数目所确定的多组对象或实验。要提高实验的可靠性，还需要对每一个变量进行重复（同一个实验进行多次）操作。

(5) 对照组。

对照组是一组其他所有组都要来进行对照的研究组。对照组和其他实验组接受相同的操作，唯一不同的是它们的自变量不变。

(6) 常量。

常量是在实验中对所有实验组、对照组或实验操作保持一致的要素，其目的是减少额外的影响。当你选择了自变量以后，你必须设计一个实验能考虑到所有的其他潜在自变量，把它们变成常量。

举个例子，如图3-16所示。

📔 笔记区

研究问题：自制养殖箱中水分的不同，对蘑菇的生长有什么影响？			
假设：当<u>水分（自变量）</u><u>增多（描述变化）</u>时，则<u>蘑菇质量（因变量）</u>将会<u>增加（预测变化）</u>。			
自变量：你在实验中改变了什么？具体要做什么改变？ 喷水次数：对照组每天喷水1次，实验组每天喷水2次/3次/4次。			
因变量：你将测量/收集什么？如何进行测量/收集？ 测量蘑菇质量，用电子秤称量。			
常量：你的实验组和对照组保持一致的量是什么？ 自制养殖箱的温度、光照。			
对照组： 每天喷水1次	实验组一： 每天喷水2次	实验组二： 每天喷水3次	实验组三： 每天喷水4次

图 3-16

笔记区

3. 实验方案写作要求，见表3-3

表 3-3

研究问题：
背景知识：
假设：用"当_____（自变量）_____（描述变化）时，则_____（因变量）将会_____（预测变化）"来表达。
自变量：你们在实验中改变了什么？需要做什么改变。
因变量：你将测量/收集什么？如何进行测量/收集？
常量：你的实验组和对照组保持一致的量是什么？
潜在的混杂变量：你的实验中可能会引入哪些潜在的混杂变量？在下面列出至少3个。 _____
你如何控制潜在的混杂变量？（以确保它们保持不变）

写研究方案是一个过程，不能一蹴而就。要经常跟指导老师商量，老师会给出反馈意见，根据老师强调的问题反复修改几次，直到你和老师都确认方案可行，就可以依据方案开始你的研究啦！

笔记区

第四节 调查法

情境导入 >>>

四年制初一年级的小萌同学想围绕"野生动物"这个主题申报"学生讲堂"的讲师,但是她不知道同学们对这个主题是否感兴趣、对相关的知识又掌握了多少。她很犹豫要不要用这个主题申报?如果申报的话,具体要准备什么内容更适合同学们呢?

要解决这些问题,就需要去实际调查。你打算用科学研究中的哪些调查方法去解决这些问题呢?

你的做法 >>>

面对这样的情况,如果你是小萌同学,你会怎么做呢?讲一讲你的看法,并说一说原因或理由。

知识链接

调查法是通过考察了解客观情况、直接获取有关材料,并对这些材料进行分析的研究方法。调查法按调查方式或调查范围的不同,有不同的分类方法,如图3-17所示。

📝 笔记区

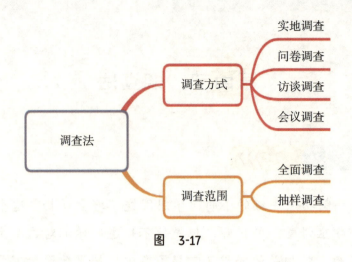

图 3-17

★ **实地调查法**

实地调查法一般用于对社会现象问题的研究。通过到实地进行观察和记录获取数据与信息，有助于深入理解和分析复杂的社会问题。比如在2022年北京冬奥会前期，要研究北京对冬奥文化的宣传情况并提出相关建议，就需要到北京各地，如各大公园，进行实地走访调查。

优势：能获得直接的、生动的感性认识和真实的第一手资料。

劣势：主观性大、偶然性大、可靠性不强。

★ **问卷调查法**

这是一种广泛使用的调查方法，适用于对现实问题、较大样本、较短时期、相对简单的调查，能够实现在大规模和多样的背景下进行数据分析和研究。比如面对高空坠物问题，人们是否支持"强制物业公司购买高空坠物责任险，完善高空坠物赔偿机制"这样的管理办法，可以通过网络问卷的方式获得人们的看法与观点。

优势：比较直接，能突破时间和空间的限制。可以采取实名或匿名的方式，采用纸质版或网络电子版的形式。其中网络电子问卷便于发放、回收和分析，比较适合一般问题的调查使用。回收问卷的数量越多，分析得出的结论越可靠。

劣势：不会得到生动、具体的信息，有时候还需要结合其他调查方式一起使用。

★ 访谈调查法

这是一种最传统的调查方法之一，适用于调查的问题比较深入，调查的对象差别较大，调查的样本较小等情况，可以是个别访谈、集体访谈、电话访谈等。如想要掌握初中学生对学校课后服务课程实施情况的感受与评价，即可邀请几位不同年级的同学进行访谈，了解他们的真实感受。

优势：比单纯的观察更深入。它能获得更多、更有价值的信息。

劣势：得到的结果主观性较强、难以定量研究，且访谈过程耗时长、受周围环境影响大，难以大规模进行。

调查问卷——网络调查问卷设计策略。

调查问卷的结构一般包括前言（标题、邀请语、问卷说明），主干（调查核心内容），结束语（如致谢）等内容。同时问卷的长度要适度，一份问卷作答时间一般以5~20分钟为宜。

调查问卷的核心内容应该是被调查者乐于回答、调查者能够从答案中获得有效的信息。所以在设计问卷题目时，可以从问题描述、选项设计、问题排序三个方面仔细考量。

（1）问题描述，见表3-4。

表 3-4

注意事项	示例	存在的问题	示例修改
问题描述要聚焦	你对这款APP软件感觉如何？	提问过于发散，答案难以聚焦	请对这款APP软件界面系统的下列特点进行评价并附特点清单。

笔记区

(续)

注意事项	示例	存在的问题	示例修改
问题描述要简短清晰	目前社会上出现很多网络暴力现象，例如使用伤害性的语言或图片。这些现象引起了很多人的关注，请问你对它们的态度如何？	问题描述过于冗长，不够清晰	你对网络暴力（使用伤害性的语言或图片）的态度如何？
不能诱导提问	你不抽烟，是吧？	容易使得答题人选择"不抽烟"	请问你是否抽烟？
不能双重提问	你的父母退休了吗？	这个问题包含两个问题	分解为：你的父亲退休了吗？你的母亲退休了吗？

(2) 选项设计，见表3-5。

表 3-5

注意事项	示例	存在的问题	示例修改
选项要互斥	你喜欢的休闲方式是（ ）。 A.运动 B.跑步 C.其他	两个选项是包含关系，有重叠	你喜欢的休闲方式是（ ）。 A.运动 B.听音乐 C.其他
选项要完备	你平时最常使用的社交软件有（ ）。 A.微信 B.微博 C.QQ	所列情况不全，为了保证用户一定有选项可填，增加"其他"选项	你平时最常使用的社交软件有（ ）。 A.微信 B.微博 C.QQ D.其他

(3) 问题排序，见表3-6。

表 3-6

问题应放置的位置	问题类型
问卷开头	筛选答题对象或对答题对象做分类的过滤题目
问卷靠前部分	简单的问题 重要的问题
问卷中间部分	相对次要的问题
问卷靠后部分	困难的问题 信息统计问题（性别、受教育程度等） 隐私问题或敏感问题等

 听一听他人的想法与做法

1. 亮亮的想法（四年制初一）

到野生动物园去观察同龄人的喜好。根据我的观察经验，在参观野生动物园的人群中，绝大多数是中小学生，可以判断他们对这个主题会比较感兴趣。在野生动物吃东西、玩耍时，关注它们的人群较多，所以可以讲解野生动物的行动特点、饮食偏好。

2. 佳佳的做法（四年制初二）

我会和我的伙伴一起去询问身边的同学，看看他们对"野生动物"的话题是否感兴趣，具体想要了解哪方面的内容。如果课上讲解比如野生动物非法捕杀的犯罪案例、野生动物的生存环境、野生动物的种类和习性等，哪个更吸引他们。根据这种询问的结果来确定是否选用这个主题和具体讲哪部分内容。

3. 龙龙的做法（高一）

我要设计一个问卷，里面包含我想讲的问题、同学们可能会感兴趣的问题和他们的基本情况等。这样我就能知道我想讲的和同学们想听的是不是一致，我做调整的话也会更简单。问卷发放给全年级同学，然后根据问卷数据再做统计，最后确定是否讲野生动物的主题，讲哪些方面的内容。

笔记区

4. 教师的想法

对于小萌同学的需求，结合年级学生的实际情况，老师推荐她应用"网络问卷法"进行调查。在问题设计中，重点对自己主要想讲的部分"野生动物保护法"提出几个问题，根据结果评估学生是否了解和喜欢这部分内容。问卷发给全年级学生，保证最大限度地得到同学的意见。网络问卷还能够自动得出一部分结论，通过观察每个问题的统计图，能够快速分析得到结论。

 现在你的想法和方案

小萌同学想探究"野生动物"这个主题，你想做的探究主题有哪些？哪个探究适合使用调查法呢？说一说你的具体想法或做法。

 应用成果

关于强制物业公司购买高空坠物责任险完善赔偿机制的建议

北京育英学校　桂小钧
指导教师　野雪莲　李玮琳

2019年寒假期间，我在电视上看到新闻，每年都有因高空坠物造成的惨重事故。北京市2020年5月1日开始实施新的物业

管理条例，条例明确规定，"物业服务人应当采取必要的安全保障措施，防止建筑物、构筑物或者其他设施及其搁置物、悬挂物发生脱落、坠落"。

  高空坠物现象危害如此严重，一旦发生高空坠物事件，对受害人来说第一时间获得赔偿是非常重要的，这不仅关系到受损害者的救治，也是城市治理能力的体现。如果能强制物业公司购买高空坠物责任险，建立完善的高空坠物赔偿机制，解决公安机关调查取证需要时间、但受害人的救治不能等待的矛盾，使受害人第一时间获得抢救需要的费用，让居住在这座城市的居民获得心理上的安全感，也将促进物业管理行业进一步强化安全意识和管理责任，促进物业管理行业的健康发展。因此，我建议，强制北京市各小区的物业公司购买高空坠物责任险，完善高空坠物赔偿机制。

  为了进一步验证建议的可行性，我在2020年暑假期间借助问卷星发放了220份问卷，收集了民众对高空坠物防范和治理建议的想法。

1. 调查方法
网络问卷。

2. 调查对象
首都民众。

3. 问卷发放回收数据
发放220份，回收220份，有效220份。

4. 问卷调查的问题
（1）您认为高空坠物的危害属于哪种程度？（　　）
A.没有　　　　B.中等　　　　C.很高

（2）您所在的小区发生过高空坠物吗？（　　）
A.没有　　　　B.有　　　　　C.不知道

（3）您认为关于高空坠物的防范应该使用哪种方式？（　　）
A.处罚为主　　B.教育为主　　C.两个并重

笔记区

（4）某居民从五楼抛下一个花盆，未造成他人人身损害，违法吗？（　）

　　A.违法　　　　　B.不违法　　　　C.不确定

（5）刮台风时，五楼居民的花盆被吹落，造成他人人身损害，违法吗？（　）

　　A.违法　　　　　B.不违法　　　　C.不确定

（6）某居民楼发生一起由高空坠物造成他人人身损害的案件，但无法找到具体侵权人，全楼居民赔偿后，公安机关找到了侵权人，该楼居民是否可以向该侵权人追偿？（　）

　　A.可以　　　　　B.不可以　　　　C.不确定

（7）物业是否有责任采取必要的安全保障措施防止高空坠物的发生？（　）

　　A.有责任　　　　B.没有责任　　　C.不确定

（8）您认为应如何加强居民的预防高空坠物安全教育？（　）

　　A.加强案例宣传　　　　B.拍摄科普视频

　　C.普及相关法律知识　　D.其他_____

（9）您了解过《民法典》中有关高空坠物的条款吗？（　）

A.完全不了解　　B.听说过，不知道具体内容　　C.非常清楚

（10）如果有一款高空坠物责任险，您会购买吗？（　）

　　A.会　　　　B.不会

（11）您愿意每年支付多少保费？（　）

　　A.1~100元　　B.101~300元　　C.301~500元　　D.500元以上

（12）您觉得有必要让业主或物业强制购买这款保险吗？（　）

　　A.有　　　　B.没有

5.调查结果与分析

（1）大多数人认为高空坠物的危害程度很高（超过93%），而所在小区发生过高空坠物的占比居然高达40%，这一比例让我们不得不充分重视这个问题。

（2）高空坠物现象危害严重，但普通民众对高空坠物的认知并不清晰，公民教育还有待加强。例如，问卷调查中第5题"刮台风时，五楼居民的花盆被吹落，造成他人人身损害，违法吗？"回答不确定和不违法的占比高达51%。

（3）超过95%的人认为物业公司是有责任采取必要的安全保障措施防止高空抛物的发生的，这也就是说，结合北京新实施的物业管理条例，如果小区一旦发生高空坠物，物业公司承担责任的可能性非常大。

（4）新出台的《民法典》在高空坠物的法律治理方面迈出了一大步，但大部分民众对相关内容的了解有限。例如，问卷调查中第9题回答"完全不了解"和"听说过，不知道具体内容"的占比高达96.4%。

（5）对高空坠物的补偿机制中引入保险制度，大部分人表示赞同。例如，问卷调查中表示会购买高空坠物责任险的受众占比为53%（116人），其中有76%（88人）的人认为有必要让业主或者物业公司强制购买这款保险，如图3-18所示。

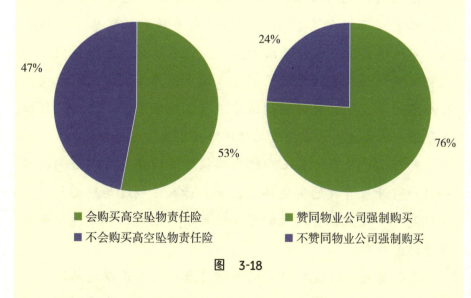

图 3-18

6. 调查结论

根据以上分析，我的相关建议是：

笔记区

①在北京市各学校、小区设立高空坠物宣传栏。张贴宣传口号、科普高空坠物的危害、宣传相关法律法规。

②强制北京市物业公司购买高空坠物责任险。好处是一旦发生高空坠物事故，可以先行由保险公司赔付，待公安机关找到实施高空坠物的肇事者后再行追偿。这种保险保费并不贵，也不会给企业增加太大负担。

说明：该成果获得"2020年北京市中小学生科学建议奖活动二等奖"。

实地调查怎么做

北京育英科技课程研究小组　野雪莲

实地调查就是大家所理解的，在某种环境现场直接去观察，但它是有目的有计划的，需要使用科学的观察工具和方法。实地调查法有优势，比如直观、适应性强、灵活性大，但也有劣势，如调查结果可能浮于表面、偶然性大、主观性大、有局限性等。什么样的问题适合进行实地调查呢，比如一些社会现象或不方便用语言交流的情况都可以使用这个方法。

我们以"关于行人正确过马路状况的调查"主题为例，讲一讲如何开展有效的实地调查，研究行人正确过马路的状况，这就是一个聚焦社会现象的有价值的研究主题，非常适合使用实地调查的方法。

我们要先分析这个研究的关键要点：行人正确过马路，从而确定出在此次观察中，我们要通过观察哪些内容来说明当前行人正确过马路的状况。比如过马路的行人数量、不规范过马路的行人数量、具体的不规范行为等，这也是我们进行实地观察前的准备工作之一。

1. 实地调查前

在进行实地调查之前，还有以下几个内容需要做好计划，以保证实地调查的有效性和高效性。

第一是确定具体的观察目标，在这个主题研究中可以是记录规范过马路的人数，不规范过马路的行为和人数。第二是确定观察范围，是观察记录步行人员，还是步行人员和骑自行车等非机动车人员都要记录。第三是规则，既然要记录规范过马路的人数，那么就需要界定什么样的行为是规范的，什么样的行为是不规范的，或者说要重点记录哪种不规范行为。比如按交通信号灯指示通行，在无信号灯路口多观察，不抢行，走斑马线，快速通过不追逐打闹，不低头玩手机，不从车辆缝隙中穿行是规范的，当违反这类规范行为时就进行记录。第四是使用什么样的记录工具要计划好，比如电子记录还是手写记录。第五是怎样记录，常规的画正字记录，还是用电子表格输入的方式。最后要确定进行实地观察的时间和地点，考虑是否固定时长和地点等问题。

2. 实地调查中

在实地调查过程中，可以根据以上计划设计表格，见表3-7，方便在实地观察中及时填写。特别要注意实地观察时的自身安全，如果中途出现疏漏情况，需要重新开始做观察记录。

 笔记区

表 3-7

日期： 时间： ～	地点：西翠路与复兴路交叉口，南向北方向	范围：步行人员
	规范行人（正字记数）	
	不规范行人（正字记数）	
	不按信号灯通行（含抢行）	
	未走斑马线	
	低头/打闹/缓慢	
	在车辆中穿行	

📝 笔记区

3. 实地调查后

在实地调查结束后，还要再次反观整个实地观察过程，如果不需要补充观察，即可对所得数据开始整理统计分析，包括：①汇总数据——整理几次观察所得数据，按类汇总；②清洗数据——去掉重复的、错误的数据；③统计数据——用数据表或图表的方式呈现数据；④分析数据——得出结论、分析可能的原因、给出可行的建议。经过这些步骤，最后才能得出比较准确的结论。

以上就是以"关于行人正确过马路状况的调查"为例，介绍的调查法中实地调查法的应用。总结来说，就是要根据实地调查法的优势和劣势来确定是否使用这一方法。在使用该方法时，要在前期进行细致规划，在实地调查中规范记录，在实地调查后做全面分析。

第五节 发明法

情境导入 >>>

孙铮同学是北京育英学校延庆分校的初中毕业生，他很热爱自己的家乡，在学习之余，他发现在延庆的一些河流和湖泊里有树叶、水瓶、杂草、包装纸等杂物，非常影响市容市貌。高一时他来到了位于海淀的万寿路校区，学校周边的昆玉河里也有同样的问题，他很想把这些杂物清理干净，你有什么办法吗？

你的做法 >>>

你打算怎么解决这个问题，在表3-8中写下你的做法吧！请你写出不少于3种做法，你一定行的！

📝 笔记区

表 3-8

序号	我可以这么做	我这样做的理由
1		
2		
3		
4		
5		

知识链接

发明和革新推动着技术的发展和进步，那么发明和革新有没有什么规律可言呢？下面给大家介绍几种发明方法。

★ 奥斯本智力激励法

它又叫头脑风暴法，是指一组人员通过召开特殊的专题会议形式，对某一特定问题，与会成员之间互相交流、互相启迪、互相激励、互相修正、互相补充、集思广益，从而达到产生大量新设想的集体性发散技法。

奥斯本智力激励法是世界上最早的创新技法。智力激励法在20世纪30年代由亚历克斯·奥斯本发明后在世界各国大受欢迎，当然，要想发挥最佳作用，它必须遵循四项基本原则，即自由思考、延迟评判、以量求质、结合改善。

★ 和田十二法

和田十二法，又叫和田创新法则（和田创新十二法），指人们在观察、认识一个事物时，可以考虑的十二个方面。和田十二法是我国学者许立言、张福奎提出的一种思维技法，这种思维技法不局限于发明创造。

它们是加一加、减一减、扩一扩、变一变、改一改、缩一缩、联一联、学一学、代一代、搬一搬、反一反、定一定。

📝 **笔记区**

听一听他人的想法与做法

孙铮同学走访了昆玉河河湖管理中心的工作人员，他们介绍，这些河流上的漂浮物，通常是工作人员划着船，用大网兜打捞上来的。工作人员的打捞工作不可能全天全覆盖进行，你能帮帮他们吗？

1. 军军的想法（四年制初一）

军军认为工作人员不能全天全覆盖进行漂浮物打捞的原因是水面过大，小船是手划船，工作人员如果把整个河面都转到，太累了。军军在学习了"和田十二法"的"加一加"原则后，他突发奇想，给工作人员的手划船安装一个电机，让他们能够乘坐电动船，这样大大提高了工作效率。

2. 杨杨的想法（四年制初二）

杨杨是学校机器人社团的同学，他学习过智能控制的知识，他认为如果让清理漂浮物的小船能够自己在水面上按照S形航行，只要S形拐弯的距离足够小就一定能够实现全覆盖的目标。于是杨杨决定在电动船上安装传感器，船入水时是垂直河岸的，自动航行到对岸感应到岸边后，自动拐弯朝反方向航行，这样就不需要工作人员进行船的航行控制，只需要专心进行漂浮物的清理即可。

这里杨杨在军军的电动船基础上进行了功能的扩充，用的是"扩一扩"原则。

3. 轩轩的想法（高一）

轩轩看到这个问题，有了一个新的想法，我们请工作人员进行漂浮物清理，还设计船只载着工作人员去清理，那换个角度想一想，如果没有漂浮物不就不用清理了吗？那么怎么才能没有漂浮物呢？他对水面的漂浮物的种类进行了调研和统计，他发现漂浮物中树叶和水草较多，另外就是一些塑料包装物。后者是不易降解的，是对环境有污染的，应该及时把它们清理出来，而树叶、水草等比较轻不容易沉底也应该被及时清理。接下来他想要找到这些塑料包装物的主要来源，他通过对河边路人行为的观察，以及对路人的走访，发现这些河水里的塑料包装物有路人随手乱丢的也有随风吹过来的。轩轩结合这个内容，以在河边增加垃圾桶为主要内容参加了北京市中小学生建言献策活动。

而对于那些树叶和水草，他建议在河的下游，漂浮物拦截绳附近增加一个类似碎纸机的装置，可以将这些杂物打碎，促进它们沉底后自然降解。

4. 教师的想法

这个问题的解决需要从两方面考虑，一方面尽可能减少往河流湖泊中投放漂浮物，另一方面及时清理已有漂浮物。第一个方面需要大家的共同努力，无论是宣传教育、行为约束还是管理方面都要加强。第二个方面可以考虑使用无人值守、自动清理的装置，把清理后的漂浮物进行分类处理，对于无法降解的漂浮物需要收纳处理。老师建议考虑对船体进行优化和改造，建议增加太阳能蓄电和电动装置，船体设计还可以满足收纳的功能。对于分类处理的方式，老师建议利用图像识别的方式处理。到这里我们能够发现这是个很复杂的发明，我们将要借助很多知识和技能，请同学们尽快开启你们的探索吧！

📝 笔记区

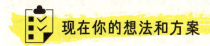
现在你的想法和方案

请你寻找一些伙伴，可以是同学，也可以是长辈，你们在一起组织一场头脑风暴会议，并将大家的点子记录在表3-9中吧！

表 3-9

你邀请了谁进行头脑风暴	
你们会议的时间和地点	
你们讨论出来的点子有哪些	
那么你现在的想法是什么	

应用成果

一种湖水表面垃圾净化装置

北京育英学校　孙铮

指导教师　李玮琳

孙铮同学在平时生活中发现很多城市的内河、旅游景区内的河流、水库、湖面等水域堆积了一些垃圾，有树叶杂草、矿泉水瓶等。这些垃圾不仅仅影响市容，更污染了水体，如何解决这个问题呢？孙铮同学查询了大量资料，他发现市场上是有水面垃圾净化装置售卖的，这些净化装置存在体形大、需要人力操作或者电动驱动力不足的问题，怎样在这些已有的装置上进行改造呢？

选择漂浮物比较集中的湖泊入水口设置"站台"，站台由拦截传送网、传送装置、集中处理区、小船停靠口以及能源集中区组成。

首先在传统的拦截网的基础上增加一个固定方向的传送装置，可以将所拦截下来的漂浮物集中到岸边的传送装置上。传送装置可以将拦截装置所带来的漂浮物传送到集中处理区进行集中处理。这样以河流进水口作为漂浮物源头的漂浮物供给源就处理完毕了。

其次是岸边的漂浮物，本系统中应用了自主设计的小型遥控清漂船，可以遥控控制，自动将岸边水面上的漂浮物收集起来，收集到船内所设置的收集装置内，收集完毕后，在站台上由工作人员将收集装置替换下来。这一系统大大减少了劳动量而且处理到了细节。整个站台的用电由能源集中区供出，而能源集中区的电则是在整个公园不影响景观的条件下设置太阳能板以及风力发电机,其所产生的电提供给能源集中区。能源集中区为整个站台(包括传送装置以及小船)供电。

制作后的小船实物,如图3-19所示。它采用双船体结构,提升了稳定性;能源装置收纳在船体中,并在船体上方放置太阳能板;两个船体中间的区域设置传送带,对漂浮物有传送作用;在传送带后方设置收纳框,用于收集传送上来的漂浮物。小船采用可遥控式螺旋桨,用遥控器来控制其方向。

图 3-19

说明: 该成果获得"2019年北京市中小学生金鹏科技论坛一等奖"。

发明从身边做起

北京育英科技课程研究小组　李玮琳

从无到有叫作发明,爱迪生发明了白炽灯泡。从已有的发明进行改进叫作革新。从蒸汽火车到磁悬浮列车的发展过程中,有发明也有革新。如图3-20所示。

笔记区

图 3-20

1. 和田十二法

和田十二法是由我国学者总结提出的发明方法，它们是加一加、变一变、改一改、减一减、扩一扩、缩一缩、联一联、学一学、代一代、搬一搬、反一反、定一定。

（1）加一加。

图3-21中a图展示的这个衣架有一个问题，就是当用它挂衣服的时候，容易在衣服的肩膀处产生两个凸起，那这个原因是什么呢？就是衣架太窄了，为此我们进行加一加的改造，也就是加高、加厚、加多或者是用组合的方法。将矿泉水瓶剪成两部分安装在衣架上，相当于在衣架上装了一个垫肩，如图3-21b所示，那这个时候我们的衣架的功能就更加完善了，这就是加一加技法。

a

b

图 3-21

(2) 变一变。

变一变技法就是改变形状、颜色、气味、音响或者次序，当衣架的形状发生如图3-22所示的改变之后，它就变成了一个晾鞋的专用架子。

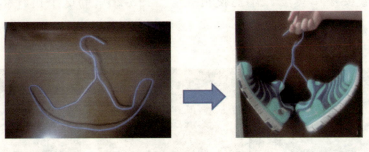

图 3-22

变一变技法在我们生活中运用的例子其实还非常多，比如说圆柱体的铅笔放在桌子上容易滚动，如图3-23左图所示，那如果把圆柱体改成六棱柱，就可以解决好这个问题。

图 3-23

香皂放在香皂盒里，时间久了容易有积水，导致香皂被泡软了。根据图3-24的设计，用一根弯杆固定香皂，香皂不会被香皂盒里的积水浸泡，就很好地解决了这个问题。

图 3-24

笔记区

📝 笔记区

(3) 改一改。

改一改就是改不变之处和不足之处。

图3-25所示是我们常见的饮料杯盖，在我们喝饮料的时候，热饮和冷饮所用的盖子应该是不同的，喝冷饮时可以用吸管，喝热饮要小心烫嘴，不能使用吸管。图3-26中的这个饮料杯盖，它就兼顾了这两样功能。

图 3-25   图 3-26

(4) 减一减。

减一减就是减轻、减少或者省略等。

戴框架眼镜的同学都会有这样的感觉，比如打篮球的时候，眼镜容易被撞坏。有人想到了一种解决方法，把眼镜腿给去掉，眼镜片缩小，于是就变成了现在的隐形眼镜，如图3-27所示，这就是利用减一减的发明方法产生的发明产品。

图 3-27

(5) 扩一扩。

扩一扩就是放大、扩大和提高功效等。

图3-28中小朋友的雨伞扩大了之后就变成了大人能用的雨伞了。转笔刀扩大之后，就变成了一个黄瓜面膜制造器。

图 3-28

（6）缩一缩。

缩一缩就是压缩、缩小或者是做微型化处理。

图3-29a这些干电池的体形由大到小是为了适应不同的电路而设计的，它们的电压都是1.5伏，那么在满足1.5伏的这个前提下，还有没有更小一点的电池呢？图3-29b就是我们常用的纽扣电池，从干电池到纽扣电池的变化过程用的就是缩一缩这个发明方法。

a　　　　　　　　　　　　　b

图 3-29

（7）联一联。

联一联就是把原因和结果联系在一起，或者把某些事物关联起来，产生一个新的发明的过程，叫作联一联。

在非洲大草原上常出现水资源匮乏的情况，人们知道狒狒是能够找到水源的。结合这一点，当非洲原住民遇到没有水的时候，就会去跟踪狒狒，自然就可以顺势找到水源了。如图3-30所示，这里就用到了联一

图 3-30

笔记区

联的方法。

有一个种植甘蔗的农民，某天他不小心把水泥洒到了甘蔗田里，没想到当年的甘蔗却格外的甜，他就请教了相关的农业专家。农业专家跟他介绍，水泥中含有一种化学元素，它其实是可以提高甘蔗的甜度的。根据这个特点就出现了种植这类农作物的专用肥，这种专业肥可以提高这类农作物的种植品质，这就是联一联的发明方法。

（8）学一学。

学一学就是模仿学习其他的事物的特点并进行创造，可以模仿其形状、结构、方法。

鲁班参照了茅草叶子边缘的锯齿形状发明了锯子，而这种形状的锯子一直沿用至今，这个锯齿的形状就是人类从植物中学到的。

苍耳的果实表面布满了带钩的小刺，这些小刺可以钩在衣服上，很不容易拿掉。依照这个方法，科学家们就发明了粘扣，这种尼龙粘扣就可以像苍耳一样起到很好的连接作用，如图3-31所示。

图 3-31

（9）代一代。

代一代就是用别的材料代替，用别的方法代替。

在《曹冲称象》的故事中，曹冲用船中石头的重量来代替大象的重量称重，实现了用船称出了大象的重量。

在化石能源紧缺的大背景下，以汽油为能源的汽车需要找到其他类型的车替代，电动汽车就应运而生，如图3-32所示。

图 3-32

（10）搬一搬。

把原有的功能移作他用。

比如说我们室内用的灯，主要功能是照明，如果把灯移到户外的十字路口，它的功能就不局限于照明，还能够起到警示的作用，如图3-33所示。

图 3-33

（11）反一反。

事物能否颠倒一下或者反过来设计呢？

如图3-34所示，这个雨伞反过来用可以很好地沥水；我们去过的城市动物园和野生动物园就是正好相反的案例。

图 3-34

(12) 定一定。

定一定就是定个界限，定个标准，以提高工作效率和安全性等。

比方说幼儿退烧药，为了保证小朋友们的用药量不会出现偏差，在药瓶中专门配备了量杯，如图3-35所示，这个量杯就是定了一个标准，让用药更加规范。

图 3-35

2. 品读发明小故事

(1) "公交车组合扶手的研制"。

观察生活很重要，在坐公交车时，小吴同学发现公交车扶手高度是一致的，那么小朋友就可能够不到扶手。这时她设想，能否设计一款高低不一致的波浪形扶手，在低处增加为小朋友设置的扶盘，以确保每个人乘车时的安全，如图3-36所示。

图 3-36

(2)"智能图书夹的设计与制作"。

小林同学在参加阅乐廊的志愿服务时,发现书架很高,小学的学弟学妹们无法取到书,也看不到上层书架中的书目,如果搬梯子来取书,既不方便还有安全隐患。为此她和伙伴设计了这个智能图书夹,这个夹子的前端有摄像头,夹子的末端能固定手机,从手机屏幕中可以看到摄像头传输回来的书籍目录信息,方便夹取选择书籍,如图3-37所示。

图 3-37

(3)小发明这样开始。

①在家务劳动中多思考。

如图3-38所示,这是参考叠衣服的步骤发明的叠衣板,是在家务劳动中产生的发明,我们要在家务劳动中多思考。

图 3-38

②大胆思考和创造。

孙铮同学从发现河湖中的漂浮物到发明清漂船,如图3-39所示,这个过程中是他敢于思考、敢于创造的表现。

笔记区

图 3-39

③掌握基本加工技能。

发明不能停留在设计图阶段，我们要具备基本的加工技能，及时将我们的想法物化，这是更新产品的必经之路。比如激光切割、3D打印技术可以提高我们的加工效率，智能控制系统可以提高产品的品质（图3-40）。

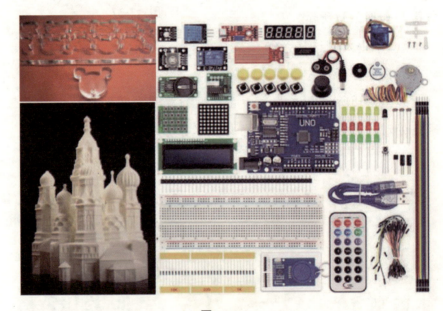

图 3-40

第六节 制订自己的研究方案

学习了以上内容，现在来为你的课题的写一写研究方案吧！见表3-10。

表 3-10

 笔记区

	"　　　　　　　　　"课题研究方案			
研究人员				
研究目的	做这项研究的原因			
研究意义	做这项研究的价值			
研究预期	研究希望达到的效果			
研究流程及任务分工	研究阶段	阶段任务目标	阶段研究方法和步骤	责任人
可以使用的资源				
预期困难				

笔记区

 参考案例

自动摇头吹风机的研发方案

1. 研究背景

洗完头发后，特别是在冬天，我会用吹风机吹头发，长时间手握吹风机很不方便。因为头发有一定的厚度，热风对着头发直接吹，不容易吹透，表面的头发干了，里面的头发依然潮湿。所以在吹头发的时候需要不停地拨弄头发，以保证热风能吹到头发的根部，使头发干得更快。这样的动作需要保持很久，费时费力，长时间对头部造成辐射，不利于身体健康。如果有一个防辐射自动摇头吹风机该多好，边吹头发边看书，做手工等，这样不仅减少辐射，手也不累了，吹头发的同时还能做喜欢的事。

目前在市场上还没能找到一款四体合一的吹风机，即遥控开关+立式+自动摇头+防辐射的吹风机。在研发为人们服务的立式防辐射自动摇头吹风机的基础上，我又进行了改进：有同学和我聊起过给洗完澡后的小动物吹干毛发太让人头疼了，所以我想如果这款吹风机只给人吹头发受用面较小，能不能把它也用在动物身上，比如小猫、小狗等小动物，所以在初始想法是为人吹风的基础上，现在想改进为也能给小动物吹风。一般情况下小动物洗完澡后毛发不易干，但它们不太配合使用普通吹风机把毛发吹干。如果这款吹风机也能应用到小动物身上，让它们自由自在地吹干毛发就更好了。这样一举两得的吹风机可以为人们的生活带来便利，提高生活质量，很有意义。

2. 研究目的

设计制作立式防辐射自动摇头吹风机。

3. 研究意义

立式防辐射自动摇头吹风机有固定支架，自动摇头，可以放在桌子上等位置，在使用这款吹风机时解放了人们的双手，

更方便了人们的生活，同时防辐射功能有利于人们的健康。

在进行改进后，这款吹风机还可以用于为小动物自动吹干毛发，方便人们的生活，提高生活质量。

我在研究设计这款吹风机的同时锻炼了自己动手实践、观察分析、归纳总结的能力，培养了我更加严谨科学地学习知识的能力。

4. 研究方法与流程

示例： 如图3-41所示。

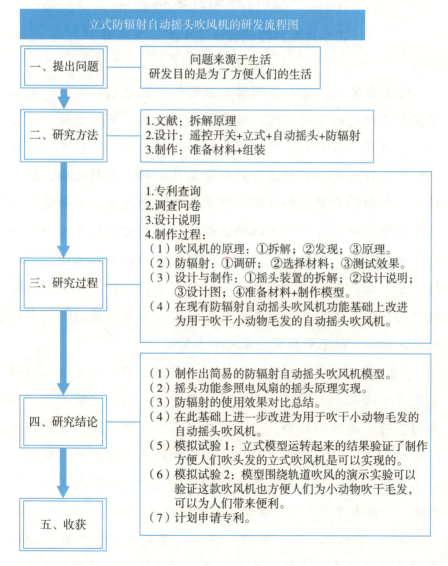

图 3-41

笔记区

5.研究困难预期

防辐射材料的使用和自动摇头技术的结合。

说 明：该成果获得"2021年北京市中小学生金鹏科技论坛二等奖"。

研究方案制订要点

北京育英科技课程研究小组　李玮琳

研究方案是向他人说明研究课题的研究计划的文稿，文稿中应介绍课题的选题原因、研究目的和内容、研究意义、研究方法、研究流程和计划、研究成果和困难预期。你也可以把研究方案理解为是给不知道你的研究是什么的人看的文稿，要让对方看完你的文稿后知道你要研究什么、你打算怎么研究，让对方对你的研究有一个整体的认识。研究方案是你把思维水平系统化的体现，也就是说你要把课题的前因后果都写明白，而研究方案应该在你还没有开始研究的时候就写好。说实话，这挺难的，怎么才能够把这个研究方案写全面呢？应该如何完成研究方案呢？以下和大家分享几个小策略。

（1）策略一：写+改+写+改……研究方案一定是在课题确定之后才动笔开始写的，那么确定课题的时候一定明确了选题原因、研究内容和目的，这时我们可以提前制订一个研究结束的时间节点，当学生知道研究方案包含的内容框架后，就可以动笔开始写了。写完后教师就可以依据文稿提出修改意见，然后就可以进入改后再写，写后再改的过程了。

（2）策略二：写+讲+写+讲……写完研究方案后，指导教师要帮助学生创设演讲机会，听众不局限于本课题组成员，越多越好,演讲本身是书面文字口语化的过程,更是学生将研究方案内容内化于心的过程。演讲过程中参与的人越多,可能获得的意见和建议就越多,那么课题未来的发展就有可能更加顺利。

(3) 策略三:写+做+改……其实很多同学的研究不是一下子就能够想明白的,很多时候是会一边做一遍改的,那么我建议,先写出一个大概,然后在做的过程中不断完善。

1. 研究方案撰写的注意事项

(1) 全局意识。系统化思维是一种全局意识的体现,凡事预则立,不预则废。指导教师首先要激发学生的内驱力,要让学生明白研究活动是一个自主学习的过程,等和靠都是低效的,另外科学研究是学生的学习任务之一,是发展自我提高自我的最佳途径。那么在指导学生制订研究方案时,教师可以用文章前面的流程图引导学生思考,思考过程中不要给学生固定答案,要善于记录学生即时产生的各种想法并及时进行正确的引导。

(2) 科学思维。科学研究是有相对固定的思维模式的,比如,研究前提出研究假设,对比实验要确定各种变量,问卷调查要制订抽样方案等,这些是不能固化的模式,指导教师要引导学生进入严谨的科学思维模式。关于研究的科学性一点都不能含糊!

(3) 预测困难。学生在没有开始研究的时候会觉得一切都很美好,研究中又会发现记录表格没打印、问卷调查没人填、实验数据用不上等困难,研究中遇到的困难会直接影响学生的研究积极性,也会拖慢整个研究进度。最好的办法就是在制订研究方案的时候提前预想困难!指导教师可以采用预研究的方法让学生提前感悟研究过程,然后尽可能地放手,这样就能够让困难及时暴露出来。

(4) 成果意识。研究成果是什么?比赛获奖?不不不,这

笔记区

笔记区

不全面，学生的成长是最大的成果。一份带有研究感悟的研究日记，一张实验成功时激动的照片，实验后及时总结的研究结论……作为指导教师我们要把研究作为学生成长中重要的特殊的学习过程来对待，你就会发现学生们有很多成果可以积累，会有很多成果展示和输出的形式。

我们在开始一项研究或者探究时，我们心中一定是有一个流程的，这个流程中包含一个一个有顺序的环节，每个环节之间是有前后逻辑的。这些流程之间是否有共同点和不同点呢？我们来看几个流程图，如图3-42所示。

图 3-42

从这些流程图中我们能够看到一些共同点，如图3-43所示。

图 3-43

能够产生区别的地方是第三个环节，不同的研究方法会有不同的研究流程，有的是实验，有的是调查。从这个角度来看，如果我们只写研究流程或许是看不太出来每个课题研究过程的区别的。这里就建议大家将研究方法和个性化研究内容整合在一起形成研究路线图。

研究路线图，是将研究的各个环节之间的逻辑关系用图的方式表达出来的，有利于理解研究顺序、研究逻辑、研究路线的一种流程框架图，如图3-44所示。

笔记区

图 3-44

这其中部分科学研究方法的研究流程是相对固定的。

依据以上内容我们已经能够基本搭建出一个相对与众不同的研究流程图了。那么如何把研究中的思考和拓展研究给填进去呢？

回答以下四问，完成与众不同的研究路线图。

①问题是什么？课题来源于问题，把这个问题的产生缘由加进去。

②主要研究内容是什么？研究内容就是你解决问题的过程，例如你计划通过问卷调查找到调查对象对调查内容的看法，那就一定要按照问卷调查的方法进行研究。

③研究成果间的关联是什么？

④研究的未来走向是什么？

2. 典型案例

唐佳凝和陈佳钰同学撰写的"基于Arduino系统的自适应台灯"研究路线图，如图3-45所示。

笔记区

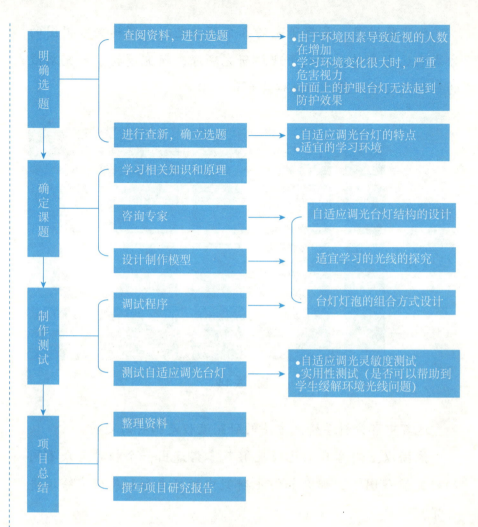

图 3-45

实施研究方案

同学们可用表4-1实施研究方案。

表 4-1

" "课题实施记录单		
日期		记录人
研究目标		
具体实施内容		
实施结果		
过程评价		

笔记区

笔记区

第 5 章　形成研究报告

第一节　研究结论的表达

情境导入 >>>

六年级的安安同学通过文献查阅法、问卷调查法和访谈法，找出了最受人们关注且适合中小学生学习理解的问题解决方法。如何能够更清晰地呈现自己的研究结论，是安安目前最想解决的问题。

你的做法 >>>

面对这样的情况，如果你是安安同学，你会怎么做呢？讲一讲你的做法，并说一说原因或理由。

知识链接　结论是在理论分析和实验验证基础上的精炼表达，是通过严密的逻辑推理而得出的富有创造性、指导性、经验性的结果。它以自身的条理性、明确性、客观性反映了论文或研究成果的价值。

结论不是研究结果的简单重复，而是对研究结果更深入一步的认识。它是从正文部分的全部内容出发，经过判断、归纳、推理等过程而得到的总观点。其内容要点是：①本研究通过哪些方法得出了哪些结论，可以说明什么问题；②对比前人成果，该研究有哪些创新之处；③未来该研究还可从哪些方面继续深入。

在明确研究结论的内容后，就可以撰写研究报告了。一般来说，研究报告的写作步骤如图5-1所示。

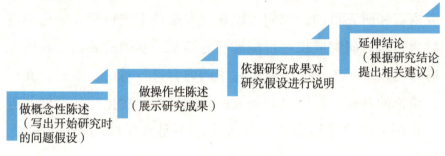

图 5-1

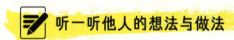

听一听他人的想法与做法

1. 乐乐的想法（四年制初一）

我会先对研究结果进行分析，并结合当前周围同学所关注的问题解决方法，进行可以更好满足他们学习意愿的情况说明。在完成情况说明后，从学校、科普机构、政府以及家长等层面提出不同的、有利于加强对义务教育阶段学生学习新技术的建议，从而更全面地呈现研究成果。

2. 佳佳的做法（四年制初二）

我会在呈现自己的研究成果后，结合在研究开始时所做的文献综述，将自己的研究成果和前人相关的研究成果进行对比，说明本次研究对之前的研究有哪些修正、补充和发展，从而进一步凸显本次研究的价值和目的。

笔记区

3. 龙龙的做法（高一）

我会结合研究目的对研究成果进行说明并给出相关建议。由于本次研究围绕最受关注且适合中小学生学习理解的技术种类进行，而依据本次研究所提出的建议是否具有可行性，不同的部门如学校、科普机构等是否有意愿实施相关建议可以进一步展开研究。

4. 教师的想法

研究结论的表达有其基本步骤和内容要求。依据具体的研究内容和研究目的，我们可以在自身条件下进行研究结论的进阶表达。对研究成果进行梳理、总结是最基础的表达。在这之后，可以进一步结合研究综述中的内容进行对比。最后，在以上结论的基础上，可以对研究的主题进行再次拓展从而展开进一步研究，也可以就本次研究中的不足和延伸问题进行再次研究。

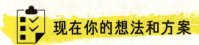 现在你的想法和方案

围绕该情境，你想探究的主题有哪些？说一说你的具体想法或做法。

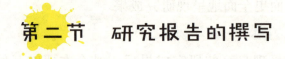 第二节 研究报告的撰写

 情境导入

小郭同学开展了一次"蒸米饭用水量需一指深"的研究，

他查阅了相关资料、进行了多次实验、对得到的数据进行了处理和分析，最终得出了蒸米饭用水量需一指深的原因，顺利完成了此次研究。接下来，他要把这次的研究过程整理成一份研究成果。可是要写成论文还是研究报告？有什么格式要求呢？要怎么写呢？……这些问题成为小郭同学在形成研究成果的过程中最大的困惑。

你有哪些建议给小郭同学？

 笔记区

★ 研究报告与学术论文的区别

研究报告与学术论文的区别见表5-1。

表 5-1

项目	研究报告	学术论文
目的	主要说明研究结果和进展	主要表达学术见解，探求新理论、新论点、新解释、新规律
内容	记录真实的科学研究结果，包括整个工作的重要过程、方法、观察结果及对结果进行讨论等细节	明确的论点、充足的论据、科学的论证，不应包括一般过程的论述，不应包括与论点无关的具体观察所得
资料引用	在结果中只能如实地叙述本课题的观测所得	可在正文中引用他人数据
格式要求	不固定，可根据情况自行调整，一般为：题目、摘要、引言、研究方法、研究结果和分析、结论、参考文献、附录	不固定，可根据情况自行调整，一般为：题目、作者、作者单位、摘要、关键词、正文、结论、参考文献
分类	实证性研究报告 文献性研究报告 理论性研究报告	按学科：自然科学论文、社会科学论文 按内容：理论研究论文、应用研究论文 按目的：交流性论文、考核性论文

★ 研究报告的具体写法

（1）题目：需要明确、醒目、简练，不能使用副标题，字

笔记区

数不能太多。

(2) 摘要：准确、明确地概括全文内容，按研究内容逻辑分角度和层次简写。

(3) 引言：可以是研究的问题、背景、目的、假设以及意义等方面，并不是研究报告的主体内容。

(4) 研究方法：重点部分，主要包括研究对象以及取样、仪器应用、因素控制、操作程序和方法，以及一些统计方法和概念的定义。

(5) 研究结果和分析：实事求是阐明研究所得到的结论，并说明得到这一结果的依据、这一结果所代表的含义等。

(6) 结论：针对研究报告的全部内容进行精简描述，将研究报告中解决的问题、发现的问题、未解决的问题、假设和未来可能出现的问题都列举出来。

(7) 参考文献：在研究中，参考了哪些文献，按标准格式列出来。

(8) 附录：将调查表、检查表以及一些测量结果展示出来。

★ 参考文献的一般格式

(1) 著作图书。

[序号] 作者.书名：其他书名信息[M].版次（第1版应省略）.出版地：出版者，出版年：引文页码[引用日期].获取和访问路径.数字对象唯一标识符.

(2) 翻译图书。

[序号] 作者.书名[M].译者版次（第1版应省略）.出版地：出版者，出版年：引文页码.

(3) 期刊。

[序号] 作者.文章名[J].期刊名，年，卷（期）：引文页码[引用日期].获取和访问路径.数字对象唯一标识符.

(4) 专利。

[序号] 专利申请者或所有者.专利题名：专利号[P].公告日期或公开日期.

（5）报纸。

[序号] 作者.文章名[N].报纸名，日期（版次）.

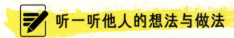 听一听他人的想法与做法

1. 亮亮的想法（四年制初一）

我想把这个内容写成研究报告，先按实验情况写出实验材料、实验目的、实验步骤、实验效果、实验结论，添加实验过程中的照片，然后再写一写自己在这次研究中的感悟和收获。

2. 佳佳的做法（四年制初二）

我会先查一查研究报告有没有格式模板，按照模板的格式要求，先把我的实验过程、实验结论写进去，再逐一完成其他部分。

3. 龙龙的做法（高一）

我认为应该写成研究报告。我会根据研究报告的分类，先去阅读几篇"实证性研究报告"，看看别人都是怎么写的，再参照他们的格式和语气，撰写自己的实验研究内容。

4. 教师的想法

小郭同学的这次探究是对一个现象的探究，最后找到了理论依据和有指导性的方法，适合写成一份实证性研究报告。

他可以按照研究报告的一般格式撰写，也就是对"题目、摘要、引言、研究方法、研究结果和分析、结论、参考文献、附录"等项目逐一填充。他可以在研究方法的部分展示自己的实验过程，包括文字描述和照片等。语言风格上要严肃、严谨、学术化。

笔记区

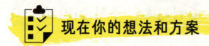 现在你的想法和方案

围绕该情境,你会如何撰写这份研究成果?

 教师讲坛

研究报告中应该如何呈现研究数据

北京育英科技课程研究小组　李玮琳

研究报告是描述研究过程和研究成果的重要资料,在研究报告中我们通常呈现图5-2所示内容。

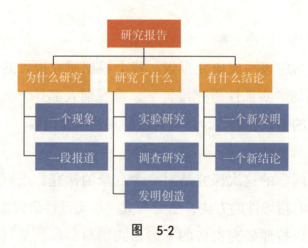

图 5-2

为了表达这些研究成果,我们就需要呈现出非常多元的资料来向读者描述我们的研究思路。可以有哪些呢?

1. 用图片来描述一个现象

图5-3选自孙铮同学的"对北京湖水漂浮物现状及处理情

况的研究"课题，通过这张图片可以直观地看到漂浮物的确存在，这张图片中的漂浮物还很多，说明这个现象有必要进行研究。那么这里典型照片的选择就很有学问了，李老师给你几条建议：

 笔记区

图 5-3

（1）选择更加突出目标的照片拍摄角度。

在发现现象之初我们可能看到有很多场景都可以用来描述研究的目标，选入研究报告的照片应该更具有典型性。

我们可以看到孙铮同学的研究报告中拍摄的漂浮物照片，图5-4中左图比右图中的漂浮物更加明显。

图 5-4

（2）展示研究过程的照片应该尽可能呈现研究对象的全貌。

图5-5中左图展示出了研究器皿上的标记和研究对象——红薯，但是红薯的根部是看不清楚的，那么相比左图，右图展现得更加全面。

笔记区

图 5-5

2. 用表格来表达实验数据

图5-6展示的是孙铮同学的实验方案。

> 我制订了实验的时间安排、人员安排和任务安排，提出了绿豆汤由绿变红的临界时间规律的假设，还设计了实验方案：
>
> （1）把100克绿豆和500克水倒入锅中。然后，把锅放在煤气灶上加热。接着，观察在锅里的水沸腾之后绿豆经过多长时间变红并把变红的时间记录在表格中。
>
> （2）把200克绿豆和500克水倒入锅中。然后，把锅放在煤气灶上加热。接着，观察在锅里的水沸腾之后绿豆经过多长时间变红并把变红的时间记录在表格中。
>
> （3）把300克绿豆和500克水倒入锅中。然后，把锅放在煤气灶上加热。接着，观察在锅里的水沸腾之后绿豆经过多长时间变红并把变红的时间记录在表格中。
>
> （4）把100克绿豆和800克水倒入锅中。然后，把锅放在煤气灶上加热。接着，观察在锅里的水沸腾之后绿豆经过多长时间变红并把变红的时间记录在表格中。
>
> （5）把200克绿豆和800克水倒入锅中。然后，把锅放在煤气灶上加热。接着，观察在锅里的水沸腾之后绿豆经过多长时间变红并把变红的时间记录在表格中。
>
> （6）把300克绿豆和800克水倒入锅中。然后，把锅放在煤气灶上加热。接着，观察在锅里的水沸腾之后绿豆经过多长时间变红并把变红的时间记录在表格中。
>
> （7）根据实验结果，得到绿豆变红的时间规律。

图 5-6

结合这位同学的实验方案，实验数据的记录选择表5-2呈现是不是更加清晰？

表 5-2

步骤	绿豆（克）	水（克）	变红时间（秒）
1	100	500	
2	200	500	
3	300	500	
4	100	800	
5	200	800	
6	300	800	

3. 选择合适的统计图来展示调查数据

现在大部分同学都会选择用网络问卷工具，如问卷星，来完成问卷调查，我先不评论这种方式是否科学严谨，只讨论数据的呈现方式。

问卷星中会将选择题的答题数据自动统计出频次和占比，如图5-7a所示。把频次用表格展示，占比用饼图展示，这是可以的。但是呈现在你的研究报告中，图5-7a这种截屏是不好的，你可以用图5-7b的形式。

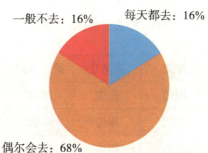

选项（频次）	人数
每天都去	8
偶尔会去	34
一般不去	8
合计	50

a　　　　　　　　　　b

图 5-7

笔记区

4. 访谈数据如何表达

例如：在河流湖泊附近游玩时，什么位置看到的漂浮物较多？

导出的数据如图5-8所示。

岸边	漩涡处	湖河中央	岸边	湖河中央	下游
两岸	河畔	河边	河边	河边	湖河中央
河岸边	岸边	湖边	河岸边	湖河中央	河岸
岸边	河边	湖泊岸边	河岸边	下游	上游
岸上	河流两边	湖泊岸边	岸边	河岸边	河边
河边	近岸	河边	湖河中央	河岸边	岸边杂草处
水下	上游	湖边	河边	桥底	漩涡处
河边	两岸	下游	桥底	河边	桥底
河边	湖泊岸边	河边	岸边	河边	桥底

图 5-8

如何呈现呢？请按照以下几个步骤进行。

（1）将相似答案合并。

将"两岸、河岸边、岸上、河边、河畔、两岸、河流两边、湖泊岸边、湖边、近岸"等合并为岸边，如图5-9所示。

岸边	漩涡处	湖河中央	岸边	湖河中央	下游
岸边	岸边	岸边	岸边	岸边	湖河中央
岸边	岸边	岸边	岸边	湖河中央	岸边
岸边	岸边	岸边	岸边	下游	上游
岸边	岸边	岸边	岸边	岸边	岸边
岸边	岸边	岸边	湖河中央	岸边	岸边杂草处
水下	上游	岸边	岸边	桥底	漩涡处
岸边	岸边	下游	桥底	岸边	桥底
岸边	岸边	岸边	岸边	岸边	桥底

图 5-9

（2）按照多选题的方式进行统计和数据展示。

表5-3中的数据用表格展示很清晰直观，不建议用饼图进行展示。

 笔记区

表 5-3

漂浮物分布区域描述	频次
岸边	36
漩涡处	2
上游	2
湖河中央	5
下游	3
桥底	4
岸边杂草处	1
水下	1
合计	54

笔记区

第6章 展示研究成果

情境导入 >>>

小郭同学开展的"蒸米饭用水量需一指深"的研究，形成了一份研究报告，孙铮同学基于河湖漂浮物的研究制作了一艘清漂船，为此他还申请了专利。研究结束后，他们有很多收获，很想和大家分享自己的研究成果，你能给他们的成果展示方式和内容提出建议吗？

你的做法 >>>

关于研究成果展示你有哪些建议？

★ 什么是研究成果

研究成果是我们在课题研究中生成的成果，课题研究过程中我们经历了科学实验、社会调查、发明创造等。有些研究可能一路顺利很容易生成研究报告，有些研究可能发生了变故而半途而废，但是无论如何只要你生成了研究结果就可以拿出来展示。

★ 为什么要展示研究成果

研究成果可能是你研究过程中的阶段性成果，也可能是终结性成果。从我们想要展示时我们就要思考展示的内容和形式，这是研究成果梳理的过程。我们把成果展示出来时会得到他人的意见和建议，这必将促进我们对研究过程进行总结和反思，这是研究进一步推进的基础。

★ 研究成果可以怎么展示

何为展示呢？清楚地摆出来或明显地表现出来就是展示。那么问题来了，在哪里摆，怎么表现呢？老师建议大家可以回忆自己曾经参观过的博物馆，很多展品是以图片、视频、实物等方式展示的，还有很多展品会有电子讲解或者人工讲解。由此我们得到的启示是我们可以根据研究成果的内容选择不同的展示方式，比如发明创造的成果适合用实物进行展示，视频和海报是适合所有类型成果的展示形式，当然如果我们能够拥有一次成果展示会，能够与观众进行面对面的交流那就更棒了。

★ 研究成果的展示内容

研究成果的展示与博物馆的一些展品的展示内容是不同的，研究成果的展示应该能够体现出研究目的、过程和结果。

科学实验成果的展示通常包括实验目的、实验材料、实验方案、实验数据和结论、实验展望等。

社会调查成果的展示通常包括调查流程、调查数据收集方法、调查数据和结果、调查结论和建议等。

发明创造成果的展示通常包括需求调研情况介绍、发明过程、发明成果的介绍等。

笔记区

📝 **笔记区**

📝 听一听他人的想法与做法

1. 亮亮的想法（四年制初一）

我建议孙铮同学将自己的清漂船搬到学校的广场上，然后做一个展板，孙铮同学在旁边进行讲解。展板上应该介绍这个清漂船的工作原理和与众不同的创新点。

2. 佳佳的做法（四年制初二）

我建议小郭同学可以开展一次挑战赛，招募挑战者对水与米的比例进行更改性实验，以验证小郭同学"一指深"的准确性！

3. 龙龙的做法（高一）

我认为孙铮同学的展示对象可以丰富一些，比如将清漂船的工作过程拍成视频，播放给河湖管理的工作人员，请他们为清漂船的工作情况进行评价，这可能成为未来作品的优化方向。根据小郭的研究成果可以组织一次研究成果的展示和答辩会，邀请数学、物理和化学老师来担任评委，针对研究过程和研究结论提出研究建议。

4. 教师的想法

研究成果的展示很重要，展示后我们作为研究者对展示过程中收集到的信息的反思更为重要。反思过程是对自己研究过程复盘的过程，也是获得更多评价信息的过程。那么如何进行反思呢？老师有一些建议给你，首先要正视他人的意见和建议，然后通过询问老师或者查询资料寻找优化研究的可行性，最后将此作为研究的新方向展开更加深入的探索。对于研究成果展示，它不仅仅是一次展示，更是一次非常有意义的实践活动。无论哪种展示，你的展示对象都是真实的，观众们不会有意保护你，他们会"无情地"表达自己的真实想法。你在筹划一次展示时就像是一名"项目经理"，项目要能够被甲方接受，你首先要知道甲方的需求，然后从形式上创新，从内容上精简，请你带着做个称职的"项目经理"的目标来筹划你的研究成果的展示活动吧。

 笔记区

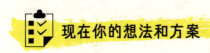 现在你的想法和方案

你的研究成果适合用什么形式来进行展示呢？请你写一下你的展示内容和形式吧！

在你的班级里有很多和你一样做研究的同学，请你为班级全体同学的研究成果展示策划一次大型展示会。这里应该包含展示会场地、展示方式、展示内容、人员分工等内容。

 教师讲坛

研究成果如何展示

北京育英科技课程研究小组　李玮琳

科学研究后的成果最常见的展示方式是形成研究报告，还可以将研究成果转化为相关竞赛，此处为大家介绍三个样例：研究报告的写作建议、北京市科学建议奖活动参加建议、海淀区中小学生水火箭竞赛参加建议。

📝 **笔记区**

1. 研究报告的写作建议

研究报告通常包括以下几个内容。

①问题的提出。

②研究的方法和路线图。

③研究过程。

④研究结论。

⑤研究建议。

⑥收获和体会。

⑦附件（调查问卷、访谈提纲、考察方案、实验方案、文献出处、研究及研究日记照片等）

从这个体例来看，其实就像学生在将自己的研究故事，从最初选题开始讲，讲计划，讲研究情况，最后得出结论，重点是要有收获。

（1）问题的提出。

很多学生喜欢写"随着经济的发展……我国……"这样的开头，其实很多学生的课题都没有达到这个高度，他们可能就是从自己的一个小发现开始的。例如："我在数学课学习了如何用直尺加量角器测量楼高，我很感兴趣，就测量了我住的这栋楼的楼高。不过测量时我发现每次又要拿直尺又要拿量角器，太麻烦了，我就想能不能设计一个将这些工具组合在一起的便于使用的测量工具。"这段话是肺腑之言，我们还应该帮助学生再提高一些，我们引导学生查询一下还有没有其他测量工具，然后再确定自己的这个创造是否有意义，把这个意思要在"问题的提出"部分表达出来。

（2）研究的方法和路线图。

一定要带着学生在开始研究时制订一个研究流程，然后在研究中不断将自己的研究新发现填进去。

这里给大家提供一个学生设计的路线图供参考，如图6-1所示。

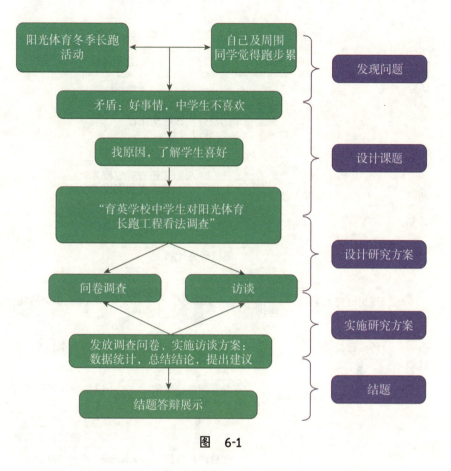

图 6-1

这是我近期完成的课题结题报告的研究方法和路线图,如图6-2所示。

(3) 研究过程的书写要有条理,要细致。

这个部分是呈现我们研究过程的重点!既然是重点,就要好好写,怎么好好写呢?我这里给大家几个建议。

①每个过程都需要分条目写,顺序应符合研究逻辑,应与流程图一致。

②所有数据,包括实验数据、调查数据、设计方案等要直观详细。图表、统计图等都可以使用。

③所有数据都要有结果的呈现,无论是有效的结果还是无效的结果都要体现出来。

④在这部分不着急总结结论。

📝 笔记区

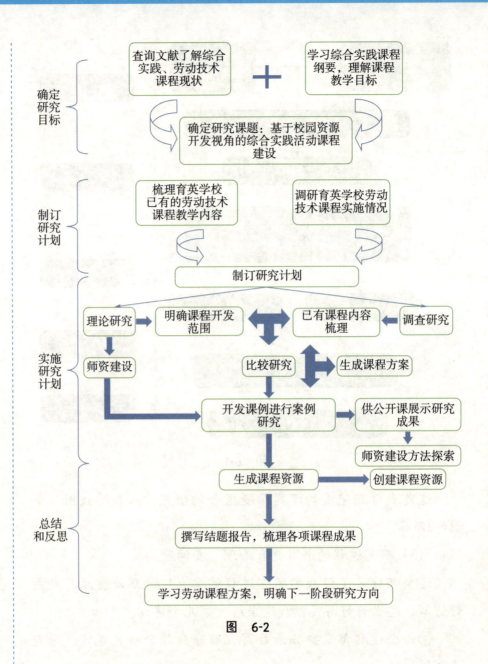

图 6-2

（4）研究结论的书写。

在总结所有研究结果后得到的研究结论通常是总结了研究数据后针对选题目标得到的有针对性的结论。内容要避免假大空，要具体可行，最好分条目来书写。这部分应该是整个研究过程中最精彩的地方，这里老师们要帮助学生分析数据归纳结论，这是学生归纳总结能力提高的重要时机。

(5) 研究建议。

通常社会调查类研究报告会有对社会相关部门的建议，其他类别的课题研究报告可以写创新点。

(6) 收获和体会。

在这个部分，学生很喜欢写"我的收获很多""我感谢老师"……其实学生的收获还可以具体一些，比如我学到了什么实验方法，我和组员合作过程中的经历等。

2. 北京市科学建议奖活动参加建议

(1) 什么是科学建议奖活动。

2023年北京市教委在第四十一届北京学生科技节期间举办第十五届北京市中小学生科学建议奖活动（以下简称"科学建议奖"），海淀区教委组织海淀区各单位参加科学建议奖活动。

"关注社会热点，科学表达主张"是本项活动的长期主题。围绕活动主题，活动内容立足新发展阶段，贯彻新发展理念，围绕"人文北京、科技北京、绿色北京"首都发展战略、"四个中心"建设，引导学生关注与人们生产、生活息息相关的实际问题。学生通过对社会生活的观察，以社会科学研究方法为基础，开展调研，撰写研究报告和对策建议。

(2) 参赛说明（以2023年为例）。

小学一、二年级学生可申报建言献策奖（仅设个人项目，500字以内，文字建言）；

小学三年级及以上学生可申报科学建议奖（设个人项目和集体项目，3000字以内，可配图片）或建言献策奖（不含2023年9月1日后新三年级学生）。

(3) 2023年参考议题。

2023年的参考议题主要包括以下几个方面：智慧北京建设；乡村振兴发展；交通综合治理；民生保障建设；公共卫生与健康；中轴线文化遗产保护；首都文化建设；生态环境建设与保护；灾害预防与应急管理；其他方面的建议。

笔记区

笔记区

（4）选题路径。

选题路径如图6-3所示。

调研在这个过程中举足轻重，这是你提出问题的前提，另外提出问题的同时一定要阅读相关政策文件或者管理条例，以确定建议提出的可行性，不可行的建议就需要全部推翻。

（5）建言献策写作策略。

建言献策以只写500字吸引很多同学参加，但是它其实比3000字的科学建议还要难，这500字实际上是3000字的高度浓缩。

1）从标题看全部。

标题"新能源汽车的车牌改为绿色"——不用看建言献策的正文，我们也能知道这个建议的内容是什么。标题要能够精准表达建议的内容，最好控制在20个字以内。

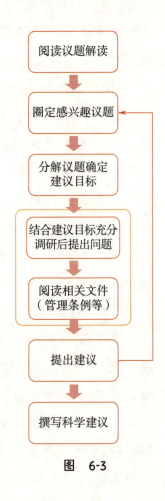

图 6-3

2）正文分两部分写。

一般可以写建议的原因+建议的内容，如果建议比较复杂可以分条目写。以下面这篇为例：

让博物馆成为我们真正的第二课堂
四年制初四年级　葛文睿

作为一个博物馆迷，我特别希望博物馆能真正成为我们的第二课堂，就此提几点自己的建议：

①"博物三进"，即博物馆课程进课表、博物馆内容进教材、博物馆展览进校园。

考虑将博物馆课程纳入我们中小学教育体系，把部分课堂搬到博物馆里，再把博物馆课程放入课表，那就有了课时保障，解决课余时间不足的问题。

如果地理、历史、科学、德育等学科教材能吸收博物馆课程内的知识，将会提升现有课内教材的趣味性。

如果博物馆能够与学校合作，在校内开展一些主题周活动、讲座，增加互动，将会进一步助力课内知识的融会贯通。

②建设"博物馆云平台"，打造博物移动课堂，解决时间和空间的局限。建议搭建北京博物馆云平台，实现博物馆资源的信息整合、展馆图片和影音资料实时查询、纪录片播放、共享在线讲座等。课堂上，如果老师在讲解知识时就能翻阅平台信息并展示博物馆相关内容，那课程该变得多生动有趣呀！

③建立"校内讲师"机制，补充博物馆志愿讲解员，助力知识传播。如果博物馆可以扩大校内讲师、社会讲师的聘用机制，那么我们的老师、有能力和有兴趣的高年级学生就可以加入这支志愿者队伍，将在博物馆志愿服务培训中学到的知识带回校园，在我们校园大讲堂中分享。

3）避免出现以下问题。

调研不充分：定时开放马路停车。小区周边马路晚上八点后一般不会堵车，因此晚上八点到第二天早上七点马路边可以限时停车以缓解小区内停车难的问题。这种方式在有些小区外的道路上已经实行过很久了，因此调研不能仅仅局限于提出建议的区域，要有北京市的全局观。

避免就事论事：关于学校北门的红绿灯改进的建议，南北方向绿灯开启后，行人先走，然后车再行，但是由于行人过多，过去一波后，可能又会有零零散散的行人通过，导致东西方向每次绿灯时通行车辆很少，后面车辆排队时间很长。有些车主过于着急还存在跟行人抢绿灯的情况，容易造成交通事故。

因此，建议增设读秒行人专用绿灯。

读秒行人专用绿灯在很多地方都很常见，我们这里为什么不能用呢？在上下学高峰时段，我校北门人流量大是这个问题产生

笔记区

笔记区

的核心，我们看到"红绿灯问题"的同时还要看到其背后的原因，解决问题也要从"根"上来解决。那么是否可以考虑将人员分流呢？在放学时间确定的情况下，可否参考人流量大的地铁站附近的分流闸门的做法，使得人员不过于集中在红绿灯路口。

3. 海淀区中小学生水火箭竞赛参加建议

（1）什么是水火箭竞赛。

水火箭是气压式喷水火箭的简称。利用质量比和气压作用原理设计而成，是物理教学中的重要内容。它利用废弃的饮料瓶和其他易得的材料制作成动力舱、箭体、箭头、翼尾、降落伞，是寓教于乐、科技含量高、深受广大青少年喜爱的动手和动脑的科技教育活动。在制作和发射过程中，不仅可以让学生直观了解导弹、运载火箭的发射升空、回收的过程、飞行原理及与飞机飞行原理的不同点，还可以使广大青少年了解我国航天事业的发展，热爱航天科技并为国家航天事业培养优秀人才打下坚实的基础。

（2）水火箭竞赛规则。

每队2人，分别记录个人成绩。同队参赛队员互为助手，助手不计成绩。每名参赛队员有2次发射机会，以最佳成绩为最终成绩。每队可制作1~2枚水火箭，同组队员可发射同一个水火箭，也可分别发射不同的水火箭，但参赛队之间不能互换使用。每次发射应由队员独立完成，辅导教师不得参与（小学组辅导教师可协助打气，但不得帮助发射）。

1）水火箭定点项目。

①制作完成的水火箭包括加装稳定器、整流罩和充气装置。

②50米定点比赛不能加装降落伞，可以调整发射架的角度。

③在规定发射点前方50米处有一个显著的点状标志，如图6-4所示，以该点标为圆心，距圆心近者为胜，测量单位精确

到厘米。水火箭落地点超出以该定点为圆心、半径为5米的圆之外者，成绩无效。

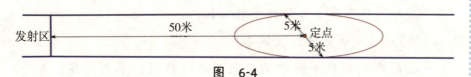

图　6-4

2）水火箭留空项目。

①制作完成的水火箭必须加装降落伞，可以遥控也可以不遥控。

②水火箭发射需与地面呈60°角（可以有±7°的误差，现场测量角度），如图6-5所示，垂直发射的不计成绩。比赛前发射架要经过检测，角度符合要求才准许参赛。检验之后的发射架由裁判统一保管，比赛时取走。

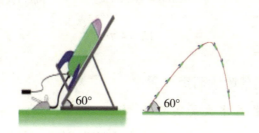

图　6-5

③留空时间从水火箭发射开始计时，到水火箭落地结束。以留空时间长短决定比赛名次，留空时间越长名次越靠前，如图6-6所示。

3）水火箭留空定点。

①留空时间：一秒记100分。定点：落在中心点为1000分。以厘米为单位，一个厘米误差记为1分，每距离定点中心点一厘米扣除1分。

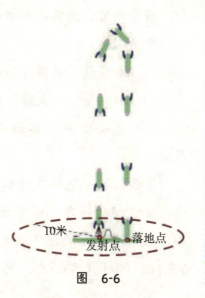

图　6-6

②留空时间的分数加上定点分数之和为总成绩，成绩高者为胜。

③每位参赛选手有两次发射机会。

(3) 水火箭教学组织策略。

水火箭竞赛对于初中学生来说趣味性强，参与度高，其中蕴含的物理知识丰富，在世界各国都有很强的普及度。在组织这个竞赛项目时我们采用了如图6-7所示的教学组织策略。

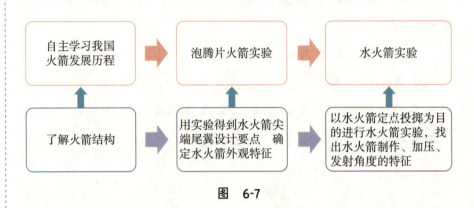

图 6-7

4. 同学们各阶段研究成果

(1) 泡腾片水火箭实验。

泡腾片和水的比例对水火箭发射高度的影响

北京育英学校　张迦轶　林益萱　康雅琦　贾一蕾

研究内容：泡腾片和水的比例对火箭发射高度的影响

变量描述：

自变量：泡腾片和水的比例

因变量："火箭"的飞行高度

无关变量：容器以及水火箭头的大小、形状，均无尾翼。

实验假设：泡腾片与水的比例越少飞得越高

验证实验猜想：我们使用同样的容器进行实验，并不进行加工设计等，水与泡腾片的比例分别为2∶1（水10克、泡腾片5克），1∶1（水7.5克、泡腾片7.5克），1∶2（水5克、泡腾片

10克），对这些实验组分别进行实验并记录，确定大概范围，提高实验的准确性。实验数据：为了提高实验结果的准确性，我们一共进行了三组实验，并得到了表6-1所示数据。

 笔记区

表 6-1

水与泡腾片比例 发射次数	2:1	1:1	1:2
第一次	未达标 0.05米左右	达标 1.5米左右	达标 1.5米左右
第二次	未达标 1米左右	达标 1.8米左右	达标 2米左右
第三次	达标 1.4米左右	达标 1.8米左右	达标 1.2米左右

本次实验自变量：泡腾片和水的比例；因变量：水火箭的飞行高度达到达标线：1.2米。

实验结果：泡腾片和水的比例为1∶1时更加合适。

实验结论及分析：虽然在本实验的数据产生中存在一些干扰因素，比如：有时会有漏水、漏气等情况发生，不能保证实验的严谨性，需要我们加强实验的质量，不过实验数据产生的结果与我们的猜想基本一致。这说明我们在猜想时因为充分考虑了泡腾片的浓度和产生的气泡，以及泡腾片与水在混合中的物理变化等原因，让产生的二氧化碳冲击容器导致水火箭喷发。我们打算继续进行实验，将泡腾片和水的比例更加精细化，从而研究出更加准确的比例以及数据等。

小结：本实验我们研究了泡腾片和水的比例对水火箭发射高度的影响，获得了让水火箭飞行更高的相关数据，初步得到了结论，但是可以多设置一些实验组，并保证每一次实验的质量，减少漏气或漏水等情况的发生。

(2) 水火箭实验。

关于水火箭尾翼的多少对水火箭飞行影响的探究
北京育英学校　周子瀚　杨文骁

提出猜想的原因：因为在一定范围内，水火箭的尾翼可以帮助水火箭分散气流，令水火箭受到的空气阻力更小，更加平稳地飞行。

提出猜测：我们认为水火箭发射的最大影响因素是水火箭尾翼的多少（在一定的距离之内），我们认为有尾翼会比没有尾翼飞得更远。

实验设计：我们做了两个水火箭，第一个水火箭没有尾翼，第二个水火箭有三个尾翼，其余条件相同且相等。制作工具均为可乐瓶与防水胶带，节数均为一节，发射时气压表数字为"7"。我们得到了表6-2所示数据。

表 6-2

尾翼数量 发射次数	没有尾翼	三个尾翼
第一次	22.3米	33.8米
第二次	19.2米	27.2米
第三次	20.7米	40.2米

实验结论及分析：有三个尾翼比没有尾翼飞行距离更远，一定范围内尾翼越多，水火箭射程越远。

尾翼的作用主要是为了稳定箭身，减少水火箭所受到的空气阻力，让水火箭飞行的时候更加平稳，从而增大火箭射程。但是，这种实验结果仅在一定范围内起作用，可是这个范围是多少我们也不得而知，不一定到什么时候会有相反的效果。

对实验的改进：本实验我们研究了水火箭尾翼数量对水火箭水平距离的影响，下一步我们打算研究水火箭尾翼的最佳数量和能起到作用的尾翼的数量范围，而我们也打算多设置一些实验组，精细研究范围、增加研究次数，让研究更加客观、科学。

关于水火箭发射角度对水火箭飞行距离影响的实验报告
　　北京育英学校　　张迦轶　　康雅琦

实验猜想：当水火箭距地面的角度为45°时，水火箭飞行距离最远。

提出猜想的原因：我们觉得水火箭发射很像我们生活当中打篮球时的投篮，篮球教练告诉我们根据抛物线的原理，投球时，投出篮球的角度与地面夹角为45°时投出的篮球最远。所以我们仿照投篮，提出了猜想：当水火箭的发射角度与地面呈45°时，水火箭飞行距离最远。

实验设计：我们先设计了水火箭模型，把三个矿泉水瓶相连，首尾两个矿泉水瓶的开口处分别向外，在矿泉水瓶的一端套上火箭发射头，另一端装上可以连接发射台的连接器并在矿泉水瓶的下端装上尾翼。水火箭的装水量定为300毫升，分别设置不同的发射角度：35°、45°和55°。

实验数据：见表6-3。

表　6-3

发射角度 发射次数	35°	45°	55°
第一次发射长度	14米	20米	35米
第二次发射长度	13米	23米	41米
第三次发射长度	13米	24米	37米

实验结果：我们发现当火箭发射角度为55°时，火箭发射最远。

实验结果分析：理论上，最远射程的发射角度为45°。不过，在我们发射水火箭时，水火箭的发射点与地面之间是有一

笔记区

定距离的,并且打气的力度也未必相同,所以当火箭发射角度为55°时,火箭的射程最远。

小结:我们在做实验时,每个人打气力度不相同并且瓶身密封不够严密,所以实验存在误差。

关于水火箭长度对飞行距离的影响的探究

北京育英学校　于简凝　程弼宸

实验猜想:水火箭长度越短,飞行距离越远。

提出猜想的原因:长度越短则重量越轻,受重力影响小,重心相对居中。

实验设计:水量为150毫升,气压数值为压力表红色区域与黄色区域的交界处;分2~3次试验,取有效数值的平均数。

实验数据:见表6-4。

表 6-4

节数 发射次数	单节	两节
第一次	36.4米	12(严重漏水)米
第二次	37.1米	33.7米
有效值的平均距离	36.75米	33.7米

实验结论及分析:单节的水火箭飞得距离远。单节的水火箭重心相对居中,飞行时比较平稳。水量较为充足,不用太考虑动力(喷水)是否足够撑到落地的问题。两节火箭的连接处需要大量胶带粘贴,导致空气阻力增加。因为力的作用是相互的,当水被向后喷出时,瓶身及瓶内的空气就受力向前冲,所以水火箭是利用压缩空气与水产生的反作用力弹射的。

对实验的改进:增加实验次数,保证测试结果准确;对多节水火箭进行分类,瓶底连接或割开密封;尝试更多节数(如三节以上),充分验证猜想。